元宇宙+

经济、产业与企业的重塑

刘德良 沈 楠 ◎ 著

中国出版集团
中译出版社

图书在版编目（CIP）数据

元宇宙+：经济、产业与企业的重塑 / 刘德良，沈楠著 . -- 北京：中译出版社，2022.12
　　ISBN 978-7-5001-7241-3

Ⅰ . ①元… Ⅱ . ①刘… ②沈… Ⅲ . ①信息经济—研究 Ⅳ . ① F49

中国版本图书馆 CIP 数据核字 (2022) 第 221794 号

元宇宙+：经济、产业与企业的重塑
YUANYUZHOU+: JINGJI、CHANYE YU QIYE DE CHONGSU

著　　　者：刘德良　沈　楠
策划编辑：于　宇　田玉肖
责任编辑：于　宇
文字编辑：田玉肖
营销编辑：马　萱　纪菁菁
出版发行：中译出版社
地　　　址：北京市西城区新街口外大街 28 号 102 号楼 4 层
电　　　话：（010）68002494（编辑部）
邮　　　编：100088
电子邮箱：book@ctph.com.cn
网　　　址：http://www.ctph.com.cn

印　　　刷：北京中科印刷有限公司
经　　　销：新华书店
规　　　格：710 mm×1000 mm　1/16
印　　　张：17.5
字　　　数：228 千字
版　　　次：2022 年 12 月第 1 版
印　　　次：2022 年 12 月第 1 次印刷

ISBN 978-7-5001-7241-3　　　　定价：69.00 元

版权所有　侵权必究
中　译　出　版　社

序 一

党的十八大以来,习近平总书记以对新一轮科技革命和产业变革的高度敏锐性和深刻洞察力,多次强调要发展数字经济。2016年,习近平总书记在十八届中央政治局第三十六次集体学习时强调,世界经济加速向以网络信息技术产业为重要内容的经济活动转变;同时强调要做大做强数字经济、拓展经济发展新空间。2019年,总书记在致中国国际数字经济博览会的贺信中指出,引导数字经济和实体经济深度融合,推动经济高质量发展。2021年,总书记在致世界互联网大会乌镇峰会的贺信中再次指出,数字技术正以新理念、新业态、新模式全面融入人类经济、政治、文化、社会、生态文明建设各领域和全过程,给人类生产生活带来广泛而深刻的影响。

在总书记的一系列重要论述的指引下,我国数字经济发展取得显著成就。2021年,我国数字经济规模达到45.5万亿元,同比名义增长 16.2%，高于同期 GDP 名义增速 3.4 个百分点，占 GDP 的比重达到了 39.8%，较"十三五"初期提升了 9.6 个百分点。可以说，数字经济已经成为我国经济增长的新动力与产业竞争的制高点。尤其是在疫情影响下，不少传统行业纷纷积极主动地进行数字化转型，数字经济更是凸显了其作为"加速器""稳定器"的作用。

在数字经济快速发展过程中，有一个概念获得了资本市场的广泛关注，这就是"元宇宙"。从技术驱动到资本介入，"元宇宙"这个融合了数字孪生、虚拟现实、人工智能等一系列数字经济要素的新概念迅速掀起了新一轮互联网经济竞逐热潮。作为映射现实世界的虚拟空间，通过对现实世界的虚拟化、数字化，元宇宙将会对内容生产、经济系统、用户体验以及实体世界内容进行大量的改造，为未来数字经济发展带来无限的想象和发展空间。正如《元宇宙+：经济、产业与企业的重塑》这本书中所述，"元宇宙"为人们描述了一个互联网产业的曼妙未来。

当拿到《元宇宙+：经济、产业与企业的重塑》这份书稿时，我颇有感触。"元宇宙+"的提法，能够将"元宇宙"可能带给整个社会经济的影响连接起来，元宇宙或许真的可以成为连接这个世界的新方式。书中将对元宇宙的思考与社会经济的发展紧密结合起来，基于对元宇宙的技术基础、本质特点的认知，提出了元宇宙将带来一场数字经济时代的产业革命，通过"元宇宙+"，经济、产业与企业都将被重塑。

序 一

这本书为读者提供了一个新的视角去探索"元宇宙",令人欣喜。新元智库的两位作者刘德良、沈楠勤勉好学,带着与时代芳华共振的责任和激情深入进行了一些认真的研究,将自己的思考和观点与大众分享,令人欣慰。书稿细细读来,颇有收益。

木欣欣以向荣,泉涓涓而始流。希望我们对"元宇宙"这样的新兴概念、新兴行业,能持续不断地研究、探索、实践。既窈窕以寻壑,亦崎岖而经丘。也许这途中崎岖坎坷,但我们仍会兴趣盎然。

姚余栋

大成基金管理有限公司副总经理兼首席经济学家

中国人民银行金融研究所前所长

序 二

技术革命深刻影响着产业的发展过程。从人类历史的角度看来看,三次重要的科技创新都为社会、经济、文化带来了革命性变化。目前,新一轮数字集成技术创新成为影响经济社会发展的新动力,扩展现实、人工智能、5G、大数据、物联网等数字技术形成了推动产业创新的技术矩阵,推动着各行业的创新发展甚至是革命性变化。比如在文化产业领域,扩展现实有助于提高文化的表现力,人工智能提供智能交互,5G连接无穷线上资源,大数据让知识图谱更丰富,物联网使文化场景更具有感染力,这样的矩阵灵活的组合带来了丰富多彩的创新形式,也为数字技术的广泛应用提供了巨大的空间。2022年5月,中共中央办公厅、国务院办公厅印发《关于推进实施国家文化数字化战略的意见》,提出促进文化和科技深度融合,集成运用先进适用技术,增强文化的传播力、吸引力、感染力。可以预计,随着该政策的实施,数字集成技术在文化领域的应用将会更加广泛。

数字集成技术在文化以及更广泛领域的应用过程中，出现了一个格外引人注目的新热点，这就是"元宇宙"。随着区块链、交互、网络及运算、人工智能、物联网等技术的发展，应运而生的"元宇宙"为人们描绘了一个虚拟世界的宏大场景，引发了资本市场和大众的广泛关注，不少学者和机构对此开展了一些研究。这其中就包括新元智库。

新元智库长期专注于新经济与新产业的咨询研究，基于对数字文化产业的长期研究积累，他们聚焦"元宇宙"这一热点，从"元宇宙"对经济、产业和企业可能带来的变化进行思考，编写了这本《元宇宙＋：经济、产业与企业的重塑》。书中提出了"元宇宙＋"的概念，值得品味和探讨。前有"互联网＋"，今有"元宇宙＋"。"元宇宙＋"将赋能产业发展，在共享的基础设施、标准、协议的支撑下，对现实世界进行数字化、虚拟化再造。"元宇宙＋"提出了一种由元宇宙形态演进、催生的经济社会发展新形态。它能够将元宇宙成果与传统产业的产业链各环节深度融合，并广泛作用于政治、经济、文化等诸多领域。"元宇宙＋"的概念使得元宇宙更富有吸引力和想象力，也使得元宇宙在经济系统当中的形象更加丰满。

元宇宙是互联网产业的升级版本。互联网产业从 PC 互联到移动互联，乃至产业互联之后，下一步的突破是什么？虚实相生、万物互联的元宇宙也许是一个答案。同时，元宇宙不应该仅仅成为互联网产业的升级版本,在"元宇宙+"的思路下,我们对元宇宙也许可以有更多的期待。"元宇宙+"为所有产业的未来乃至整个社会经济的运行模式赋予了新的可能性。

我愿意与大家一同阅读这本书,跟随作者的描述一起探索"元宇宙+"到底能够带来一场怎样的经济革命,一起思索"元宇宙+"时代我们能够做些什么,共同前行。

中央党校(国家行政学院)教授
北京观恒文化发展研究院院长
2022 年 7 月 17 日

前　言

元宇宙带来了关于未来世界的无限想象。在技术层面，元宇宙将基于战略性资源数据和虚拟世界运行规则的算法，打通虚实空间；在经济层面，元宇宙通过与传统产业相融合，提高生产效率，催生多种新业态、新商业模式，最终或可实现虚拟经济与实体经济的融合；在社会层面，元宇宙或许也将广泛作用于社会各个领域。

基于对元宇宙的基本认识，我们提出"元宇宙+"的概念，认为元宇宙通过"+"一切，纵向上可以实现从微观的行业改造升级到中观的产业革新，再到宏观的经济运行状态重构；横向上可以实现从商业逻辑再建到社会治理方式重塑，再到社会文明变革。作为可以期待的未来，"元宇宙+"将逐步实现元宇宙思维的全面渗透，最终完成社会整体形态转型，虚拟世界与现实世界保持高度互联互通，交互结果近乎真实，达到高度同步和拟真。

元宇宙+：经济、产业与企业的重塑

在"元宇宙+"框架下，我们编写了《元宇宙+：经济、产业与企业的重塑》一书，用四个篇章讲述对"元宇宙+"的研究。第一篇从"互联网+"谈起，引出"元宇宙+"的概念，提出"元宇宙+"将更加深刻地改变社会经济模式。比如，它将通过创新经济发展模式，改造和提升传统产业，推动产业融合；将从饮食、住宿、出行、游戏、娱乐、购物等方面全方位且深入地改变人们的生活方式和价值观；将通过去中心化等方式推动社会治理方式的变革等。第二篇从"元宇宙+"下生产力和生产关系可能发生的变革谈起，提出"元宇宙+"将引发一场划时代的超级数字经济革命，并详细阐述了这场数字经济革命浪潮之下，整个产业体系当中的各行各业将会发生的重大变化。第三篇从企业的角度来理解"元宇宙+"所带来的产业革命，指出企业应如何充分认识"元宇宙+"对商业逻辑的重建，重构企业生态，拥抱元宇宙浪潮。第四篇着眼于未来。

"元宇宙+"是一个梯次发展的系统工程，需要分阶段与应用场景相融合。"元宇宙+"先在游戏、社交领域进行变革，使得场景应用需求激增，内容迎来大爆发，最终可能消除虚拟和现实之间的边界，形成虚实共生，这应该是一个较为漫长的过程。在这个过程当中，我们要做很多。尤其是在元宇宙产业还处于初级发展阶段的当下，我们需要重视它所存在的潜在风险。我们要做的是构建一个良性的"元宇宙+"产业生态，推动元宇宙在与现实世界的政治、经济关系的不断博弈中逐渐形成发展中的平衡，真正成为人类文明的新形态。

本书由新元智库的刘德良和沈楠共同完成。新元智库的杨蕾为本书做出了重大贡献，特此致谢。新元智库长期致力于对新经济与新产业的研究，对于令人充满期待的元宇宙，我们热情很高，希望能将浅陋的梳理和想法同大家分享和交流。鉴于水平所限，书稿之中错漏难免，敬请各位读者不吝指正。

编者

2022 年 7 月

目 录

第一篇
从"互联网+"到"元宇宙+"

第一章 "互联网+":信息技术重塑传统产业格局
  第一节 "互联网+"催生新的经济发展模式 // 005
  第二节 "互联网+"推动传统产业数字化改造和升级 // 011

第二章 "元宇宙+":进一步打通虚实空间
  第一节 何为"元宇宙+" // 017
  第二节 元宇宙技术基础 // 029
  第三节 元宇宙本质特点 // 033
  第四节 元宇宙终极形态 // 037

第三章 "元宇宙+":更深刻地改变社会经济模式
  第一节 "元宇宙+"对经济的影响 // 045
  第二节 "元宇宙+"深入改变生活方式 // 052
  第三节 "元宇宙+"推动社会治理方式变革 // 056

第二篇
"元宇宙+"：数字经济时代的产业革命

第四章　"元宇宙+"下的生产力变革
　　第一节　科技推动社会生产力发展 // 065
　　第二节　"元宇宙+"时代的生产力变革 // 070

第五章　"元宇宙+"改变生产关系
　　第一节　"元宇宙+"的生产关系特征 // 077
　　第二节　如何构建元宇宙化生产关系 // 081

第六章　"元宇宙+"重塑产业版图
　　第一节　"元宇宙+制造业"：数字孪生让生产更高效 // 087
　　第二节　"元宇宙+零售"：虚拟与现实融合发展 // 093
　　第三节　"元宇宙+游戏"：丰富玩家沉浸式体验 // 100
　　第四节　"元宇宙+社交"：打造沉浸式社交网络 // 106
　　第五节　"元宇宙+教育"：重塑未来教育方式 // 112
　　第六节　"元宇宙+办公"：提高工作效率 // 117
　　第七节　"元宇宙+旅游"：让游客真正"感同身受" // 122
　　第八节　"元宇宙+会展"：推动会展行业智慧化 // 128

第三篇
站在"元宇宙经济"风口上的企业

第七章 "元宇宙+"再建商业逻辑

第一节 "元宇宙+"颠覆组织形态 // 137

第二节 "元宇宙+"重塑底层逻辑 // 146

第三节 "元宇宙+"整合营销生态 // 153

第八章 全球巨头布局元宇宙

第一节 Meta：从Facebook到Meta，全力布局元宇宙 // 161

第二节 Roblox：打造UGC游戏元宇宙 // 167

第三节 英伟达：聚焦元宇宙基建，打造Omniverse开放式平台 // 171

第四节 微软：依托Azure打造企业元宇宙 // 174

第五节 谷歌：以AR硬件作为切入点布局元宇宙 // 178

第六节 亚马逊：以AWS云为核心，打造元宇宙开发工具矩阵 // 180

第七节 腾讯：多领域布局元宇宙，致力于打造全真互联网 // 183

第八节 字节跳动：内孵外投，布局元宇宙全产业链 // 186

第九节 华为：推动基础设施建设，打造元宇宙技术底座 // 189

第十节 百度：聚焦人工智能，打造元宇宙基础架构平台 // 196

第十一节　阿里巴巴：加速布局元宇宙，构建以电商为核心的内容场景 // 200

第十二节　网易：持续加码，打造多元化元宇宙解决方案 // 203

第九章　重构企业生态，迎接"元宇宙经济"

第一节　国内外企业布局元宇宙的主要路径 // 211

第二节　企业如何拥抱元宇宙浪潮 // 225

第四篇
"元宇宙+"：我们还能做些什么

第十章　构建"元宇宙+"良性产业生态

第一节　转变思维，迎接挑战 // 237

第二节　谨慎引导，健康发展 // 247

第三节　开放心态，拥抱未来 // 254

第一篇

从"互联网+"到"元宇宙+"

与"互联网+"一样,我们认为元宇宙也可以"+"一切。我们也相信,"元宇宙+"将在"互联网+"的基础上,通过虚实深度互联互通,形成新的连接方式,构建新的社会经济生态。

第一章

"互联网+":信息技术重塑传统产业格局

第一章 "互联网+":信息技术重塑传统产业格局

20世纪90年代以来,互联网不断快速迭代发展。从以传统网站为代表的PC(个人计算机)互联网,到以App为代表和以智能化、移动化为特点的移动互联网,再到以万物智能、万物万联为特点的智能物联网,短短三十余年,互联网使得人们的生产生活发生了巨大变化。

随着互联网发展到一定程度,在21世纪第2个十年,"互联网+"应运而生。通过加速向各领域渗透融合,不断衍生各种新业态,"互联网+"成为提升产业发展的重要利器,为经济转型升级注入了强大动力。

第一节 "互联网+"催生新的经济发展模式

在过去十余年,"连接"成为一个让无数人反复琢磨和体会的词。苹果公司声称"一切都将无缝连接",Facebook(脸书)表示"我们想要连接整个世界",华为推出"全球连接指数",腾讯自我定位为"连接型公司",等等。过去十余年,互联网的快速发展使得"连接"成为经济和社会不断发展迭代甚至重塑的思维主线之一,"互联网+"也应运而生。"互联网+"更加清晰地勾勒出从传统社会到信息社会的变革中所产生的一种新的思维方式,通过"互联网+",信息、人、物纵横交错、互联互通,全都彼此连接起来。在这种思维方式下,市场主体能动性被大大激活,产品改造、跨界融合等经济行为更加活跃,共享经济、平台经济等各种创新的经济模式不断涌现。

一、共享经济

在"互联网+"时代,以共享单车为代表的共享经济如雨后春笋般涌现。共享经济是指利用互联网等现代信息技术,以使用权分享为主要特征,整合海量分散化资源,满足多样化需求的经济活动总和。从共享经济的运行机制或者说商业结构可以看出,共享经济的快速崛起也是基于"连接"完成的,它是信息革命发展到一定阶段后出现的新型经济形态,是整合各类分散资源、准确发现多样化需求、实现供需双方快速匹配的最优化资源配置方式,是信息社会发展趋势下强调以人为本和可持续发展、崇尚最佳体验与物尽其用的新的消费观和发展观。[1] 像共享经济这种

---

[1] 国家信息中心.中国共享经济发展报告(2021)[R/OL].

以共享、分享行为为基本特征的新经济模式的快速崛起，主要是因为信息技术和移动互联网的普及使得信息匹配功能以及定位功能得以增强，以及网络支付方式和基于云端的网络搜索、识别核实、移动定位等网络技术的流行大大降低了共享的交易成本。

在"互联网+"的浪潮下，共享经济基于互联网共享平台和人人参与的大众化市场，借助强大的资源重构能力，在众多行业领域中催生了一批新兴互联网企业，比如交通出行领域的滴滴出行、摩拜单车、哈罗单车、首约汽车等；共享金融领域的淘宝众筹、京东众筹、苏宁众筹等；共享住宿领域的爱彼迎、小猪短租等；以及小电科技、安克街电科技等共享充电宝。国家信息中心发布的《中国共享经济发展报告（2022）》指出，2021年我国共享经济继续呈现出巨大的发展韧性和潜力，全年共享经济市场交易规模约36 881亿元，同比增长约9.2%；直接融资规模约2 137亿元，同比增长约80.3%。从共享型服务的发展态势看，2021年在线外卖收入占全国餐饮业收入比重约为21.4%，同比提高4.5个百分点；网约车客运量占出租车总客运量的比重约为31.9%，共享住宿收入占全国住宿业客房收入的比重约为5.9%。从居民消费的角度看，2021年在线外卖人均支出在餐饮消费支出中的占比达21.4%，同比提高4.4个百分点。网约车人均支出占出行消费支出的比重约为8.3%，共享住宿人均支出在住宿消费中的占比约为5.9%。2021年网约车用户、在线外卖用户普及率分别为39.23%、46.36%。

2021年我国共享经济从整体上看，不同领域发展不平衡的情况较为突出。共享经济在办公空间、生产能力和知识技能领域发展较快，交易规模同比增长分别为26.2%、14%和13.2%；受疫情区域性暴发和部分城市监管政策调整等影响，共享经济在住宿领域的市场交易规模同比下降3.8%。

当然，目前的共享经济发展也呈现出一些新的特点：一是受监管政策、企业上市、资本市场形势等多种因素影响，主要领域的共享经济市场格局加快重塑，竞争更加激烈，多元化商业模式的扩充和创新更加重要；二是一系列加强新就业形态下劳动者权益保障的政策措施出台，新的就业群体权益保障持续完善；三是共享经济市场制度建设步伐加快，监管执法力度加大，市场秩序进一步规范。

二、平台经济

在"互联网+"时代，连接不仅仅发生在消费互联网领域，还开始影响产业互联网。最近十几年，平台经济成为"互联网+"时代的一种新经济模式。平台经济指的是一种虚拟或者真实的交易场所，平台本身不创造产品，但可以促成双方或者多方之间的交易，收取一定费用或者赚取差价而获得收益。平台最大的作用在于可以建立一个商业生态网络，让资源在网络内自由流动，基于"互联网+"思维的平台经济，更加突出对资源的整合与共享，无论任何行业领域与互联网相融合，都会借助互联网的强大功能对行业领域的资源进行有效整合。例如，淘宝、京东等购物消费平台可以实现对各类商品生产、分销及相关资源的整合；携程、途牛等旅游电商平台可以促进旅游行业内部资源的整合。在资源整合的同时，这些平台还能够满足消费者直观对比、自由选择的需求，强化市场导向，丰富用户选择，促进行业内资源的合理流动与科学配置。

平台经济的出现在一定程度上使得传统产业资源得以重塑，平台的开放性促进全产业链供需的拉通以及资源高效配置和规模效益的显现，为企业构建产业互联网打下了坚实的基础。

我国政府也非常重视平台经济的发展。2020年4月，国家发展改革委、中央网信办联合印发《关于推进"上云用数赋智"行动培育新经济发展实施方案》，提出大力培育数字经济新业态，深入推进企业数字化转型，打造数据供应链，以数据流引领物资流、人才流、技术流、资金流，形成产业链上下游和跨行业融合的数字化生态体系，构建设备数字化—生产线数字化—车间数字化—工厂数字化—企业数字化—产业链数字化—数字化生态的典型范式。方案发布以来，上云、上链、上平台已经成为传统企业拥抱数字化转型的必然选择。2021年12月，中央网络安全和信息化委员会印发的《"十四五"国家信息化规划》再次提出推进传统产业优化升级。加快新一代信息技术与实体经济融合应用，实施"上云用数赋智"行动，打造大数据支撑、网络化共享、智能化协作的智慧供应链体系。从以往发布的各项政策中可以看出,平台经济在推动技术和产业数智化转型中的地位和作用日益凸显。

第二节 "互联网+"推动传统产业数字化改造和升级

新一轮科技革命和产业变革加速演进，人工智能、大数据、物联网等新一代信息技术的应用加速落地，推动数字经济向传统行业渗透融合。互联网的创新应用成果深化于农业、工业、服务业、医疗、交通、安防等经济社会领域中，推动传统产业数字化改造和升级，数字化场景不断推陈出新，数字经济迎来了更加强劲的发展动能和更加广阔的发展空间，社会生产力显著提高。中国信息通信研究院发布的《全球数字经济白皮书——疫情冲击下的复苏新曙光》统计显示，2020年，测算的47个国家数字经济增加值规模达到32.6万亿美元，同比名义增长3.0%，占GDP比重为43.7%，产业数字化仍然是数字经济发展的主引擎，占数字经济比重为84.4%。

在农业方面，利用物联网技术赋能传统农业生产，打造智慧型农业物联网应用平台，通过物联网技术对农作物生产数据进行采集，以及对土壤、病虫害、农作物长势、农业生态环境等进行实时监测，实现农业生产过程的精准化感知、智能化控制和智慧化管理，提高农业资源利用率和劳动生产率，为传统农业插上科技的翅膀，使其更加智慧化。以智能化控制为例，农民可以利用手机或者电脑实现对农业生产的智能化控制，坐在家里操作手机就可以实现远程自动灌溉。除了精准感知、智能化控制与智慧化管理之外，从广义上来说，智慧农业还包括农业电子商务、农产品溯源防伪、休闲创意农业、遥感图像分析、农业机器人、无人机植保、牲畜识别等方面的内容及应用场景。

在工业方面，新一代信息技术与工业领域深度融合，主要体现在以工业互联网平台为代表的新型基础设施建设。作为先进制造业转型升级的关键载体和工业企业数字化转型的重要抓手，工业互联网通过供应链、产业链、价值链的有效连接，赋能工业乃至各行各业数字化、网络化、智能化转型。《全球数字经济白皮书——疫情冲击下的复苏新曙光》统计显示，目前全球已经有300个工业互联网平台，国内具备一定影响力的平台也接近100个，几乎所有的工业自动化、工业软件、装备、信息技术巨头都开展了工业互联网平台的建设布局。例如，惠普制造云通过云化制造执行系统（MES）助力中小企业开展"采购、仓储、生产"等全流程生产管控，2020年为浙江省绍兴市新昌县100家中小企业实施部署，人均生产效率提高40%以上。

在交通方面，打造智能交通系统，将先进的计算机技术、信息技术、控制技术、数据通信传输技术、电子传感技术等有效地集成并运用于整个地面交通管理系统，建立一种在更大范围内全方位发挥作用的、实时的、准确的、高效的综合交通运输管理系统。智能交通系统包括自动驾驶、智能交通管控平台、车联网、车路协同系统、三维 GIS（地理信息系统）交通线路展示、交通监控、道路航线规划、事故预防、实时调度、拥堵治理、交通信息查询等多个方面。例如，2018 年 12 月 28 日，百度阿波罗（Apollo）自动驾驶全场景车队在长沙高速公路上行驶；2019 年 9 月 26 日，百度在长沙宣布，自动驾驶出租车队 Robotaxi 正式开启试运营，首批 45 辆由阿波罗与一汽红旗联合研发的"红旗 EV"Robotaxi 车队在长沙已开放测试路段开始试运营。

在安防方面，打造智能安防系统，主要应用场景包括视频监控、人脸识别、安防智能机器人等。例如，东方网力智能安防社区系统重点关注社区场景，整合社区内的视频监控、人脸抓拍、卡口过车、门禁等各种动态感知数据，围绕人、车、房等要素，实现社区内实有人口、实有房屋等基础数据采集和汇总，为公安、综合治理等部门提供社区实有人口管理、车辆管控以及潜在风险预控等业务应用。另外，在疫情防控期间，大立科技、海康威视、大华股份、宇视科技等人工智能（AI）安防企业纷纷加班加点，批量打造能安装在车站、园区进行非接触无感测温的红外体温监测仪。百度、旷视科技、澎思科技等企业也进一步将红外测温仪加持人工智能技术，实现智能化防控。

在营销方面，通过大数据、人工智能场景识别、增强现实（AR）、虚拟现实（VR）等技术，识别广告场景，洞察用户行为，从而实现智能广告投放和营销。例如，抖音通过标签画出用户画像，并根据不同的用户画像来推荐不同的内容；君乐宝纯享品牌联合百度打造AR互动营销，将4款AR游戏植入4种不同口味的纯享酸奶中，消费者只要用百度App扫描纯享酸奶的瓶身包装，即可进入AR游戏。AR互动营销融合了产品与游戏，真正实现了"能玩的食品"，深受消费者喜爱。

在零售方面，智能门店管理、商品识别、无人零售、智能支付等系统助力零售企业实现数字化升级，打造智慧型新零售模式。2017年7月，中国第一家无人超市"淘宝会员店"在杭州开业，用户使用淘宝App或者支付宝扫码进店，选购商品，之后系统将在出口处识别选购商品，自动从支付宝扣款。亚马逊、京东等电商企业也相继推出无人超市或便利店。

在医疗方面，打造智能辅诊、医学影像、健康管理、药物研发等系统。2018年6月，腾讯发布国内首个AI医学辅助诊疗开放平台，宣布开放旗下首款"AI＋医疗"产品腾讯觅影的AI辅诊引擎，助力医院信息系统、互联网医疗服务实现智能化升级，构建覆盖诊疗全过程的智慧医疗体系。2019年1月，华为联合中国联通福建公司、福建医科大学孟超肝胆医院、北京301医院、苏州康多机器人有限公司等成功实施5G远程外科手术动物实验，"世界首例5G远程外科手术"由此诞生。

第二章

"元宇宙+":进一步打通虚实空间

第二章 "元宇宙+": 进一步打通虚实空间

21世纪的第3个十年之初,全球经济陷入20世纪30年代以来的最大困境,互联网发展也不可避免地遇到瓶颈。这时,元宇宙来了,带着对互联网未来发展的最大限度的想象闯进了人们的视野。

第一节 何为"元宇宙+"

一、元宇宙由来

元宇宙(Metaverse)一词源自科幻小说《雪崩》。1992年,尼尔·斯蒂芬森在《雪崩》中描述了一个人们以虚拟形象在三维空间中与各种软件进行交互的世界,并称之为"Metaverse"。Metaverse由"meta"和"universe"组成。Universe即宇宙;Meta源于希腊语,有"超出、超越"的意思,也有"元"的意思。"元"者,"原"也,有"根本""本质"的意思。

2021年,元宇宙的概念火速出圈。全球领先的多人游戏创作与社交平台,即"元宇宙第一股"Roblox(罗布乐思)于

2021年3月在纽交所上市之后，全球范围内便掀起了一股元宇宙热潮。Facebook、英伟达、腾讯、字节跳动等国内外科技巨头纷至沓来，一同促成元宇宙市场的大爆发。例如，英伟达正式推出对标元宇宙的虚拟工作平台Omniverse。Facebook收购VR公司Oculus，推出VR社交平台Horizon，其硬件与内容、社交生态同时布局元宇宙。不仅如此，Facebook更是在2021年10月28日更名为Meta，意为包含万物、无所不联，体现其全力进军元宇宙的决心。

此外，有着"元宇宙全息AR第一股"之称的微美全息（WIMI.US）成立元宇宙事业部，积极开展对元宇宙的底层技术研发。字节跳动投资代码乾坤（中国版Roblox），出资15亿美元并购Pico VR，将其并入字节跳动的VR相关业务。腾讯参投Roblox，并独家代理Roblox中国区产品发行，其首席执行官马化腾在2020年年底就已提出"全真互联网"的概念，现在看来，无论是从整体概念还是具体细节上，全真互联网都与元宇宙概念十分类似。华为则选择从AR技术切入元宇宙赛道，早在2020年华为开发者大会上，华为就发布了Cyberverse地图技术，致力于打造一个地球级的、不断演进的、与现实无缝融合的数字新世界；同时，华为在VR领域实现技术突破，加速打造沉浸式体验，为VR内容开发者提供了HUAWEI VR平台。TCL旗下雷鸟科技布局扩展现实（XR）市场，计划推出全新的可穿戴设备——XR眼镜，宣布进军元宇宙。2021年，元宇宙概念下的这类市场行为不胜枚举，2021 年也因此被称为"元宇宙元年"。

元宇宙重新扩展了人们对于互联网产业的认知边界。资本对元宇宙热捧，是因为元宇宙赋予人们对互联网产业未来发展的最大限度的想象，而股市的价值在很大程度上和产业想象力相关。当前资本市场上的价值不一定代表元宇宙现在的价值，而是对元宇宙的未来价值的预估。

元宇宙概念爆发之前，人们对于互联网的认知，就类似发电机刚刚被发明出来的 19 世纪，人们能够想到的电的用处无非是照明而已；而随着时间的推移，人们对于产业的想象逐渐丰富起来。时至今日，电已经无处不在，真正不需要用电的场景倒是得仔细想想才可罗列一二。

历史上的许多伟大发明，比如印刷术、火药、汽车等，在诞生之初，其应用场景可以说是极其有限的，互联网的发展也是如此。当前，互联网的应用场景正在逐步增加，从互联网 1.0、互联网 2.0 到移动互联网，再到产业互联网，但元宇宙作为映射现实世界的虚拟空间，通过对现实世界的虚拟化、数字化，将会对内容生产、经济系统、用户体验以及实体世界内容进行大规模改造，它真正为人们描述了一个互联网产业的曼妙未来。

二、"元宇宙 +"与产业元宇宙

元宇宙使人们对互联网产业充满了新的想象，但同时，元宇宙也绝不是一个孤立的存在，与"互联网+"一样，我们认为元宇宙也可以"+"一切，形成这个世界新的连接方式。因此，我们提出了"元宇宙+"的概念。目前，已经有一些学者或企业代表提出了"产业元宇宙"的概念，我们认为其可以作为"元宇宙+"的一个重要组成部分。

京东探索研究院院长、澳大利亚科学院院士陶大程认为，"元宇宙+产业"的产业元宇宙，作为以数字能力引入现实世界、实体经济的接口，不只利用了数字世界重构现实世界中的物理属性和社会属性，而且更加重视数字世界对现实世界再创造能力的提升。产业元宇宙是数字世界对现实世界中社会属性、物理属性的精确重构与再创造，是人工智能在现实世界的实体化，更是真实世界、实体经济的重要组成部分。在这场全新的产业数智化革命中，产业元宇宙将延展泛人工智能技术在产业落地的深度和广度，加速技术与产业的深度融合，激发实体经济的活力和创造力。

商汤智能产业研究院院长田丰认为，元宇宙的发展带来的科技范式的革命，不仅会使现实世界在元宇宙中数字孪生，将人类带入一个智慧的虚拟世界，同时，也将把元宇宙中的知识图谱和产业大脑反哺到实体产业中，赋能实体产业的可持续发展，提升社会的整体 GDP 和产业数字化能力。

文化科技创新服务联盟认为，产业元宇宙依托数字孪生技术、工业智能技术的突破，实现产业流程再造，进而持续提升产业能效。在元宇宙基础设施搭建完成的情形下，产品从研发、设计、生产到最终消费，实现数据融合、指标融合、知识融合、决策融合的同步完成。在产业元宇宙时代，可以充分发挥虚拟世界科研及试验／实验的实景设计、加速迭代、低成本试错、知识图谱搭建以及自主演进流程，结合线下精准标杆试点，形成线上线下的完整价值闭环。其最终目标是借助互联网的无边界性、即时性，实现产业效率的提升，但并不意图扩大产业。产业元宇宙希望在此基础上，借助产业链内外关联度的极大提升，催生交叉产业与新业态，最终使产业边界进一步模糊，极大拓宽产业边界与规模。

我们认为，"元宇宙＋"在某种程度上与产业元宇宙相通，简单来说就是"元宇宙＋"借助元宇宙来赋能产业发展，在共享的基础设施、标准、协议的支撑下，对现实世界进行数字化、虚拟化再造。"元宇宙＋"是由元宇宙形态演进、催生的经济社会发展新形态，是将元宇宙成果与传统产业的产业链各环节深度融合，并由此拓展，广泛作用于政治、经济、文化等诸多领域的一种社会运行状态。

三、元宇宙在世界各国的发展现状

1. 美国：率先提出元宇宙概念，关注数据安全

1992 年，美国著名科幻作家尼尔·斯蒂芬森在《雪崩》中首次提出元宇宙概念。为了进一步探索元宇宙，美国诞生了第

一家元宇宙公司 Roblox。Roblox 成立之后，美国互联网巨头 Facebook 更名为 Meta，从社交媒体转型为元宇宙公司。随后，微软、谷歌、英伟达等美国企业先后宣布布局元宇宙，在全球范围内引爆了元宇宙。

在积极拥抱元宇宙的同时，美国的监管机构也将注意力放到了数据安全和隐私保护的问题上。美国监管机构已经开始采取强制措施来遏制数据滥用和隐私泄露。例如，2018 年，Facebook 因泄露用户信息被处以 50 亿美元的罚金，同时美国联邦贸易委员会也加强了对 Facebook 的隐私限制。监管部门的严厉打击让互联网公司在对待用户数据时更加谨慎小心。

在采取执法行动的同时，美国的监管机构就数据安全问题提出了设想。美国商品期货交易委员会（CFTC）委员布莱恩·昆滕茨建议，如果美国人使用智能合约代码来违反 CFTC 规定，那么智能合约代码开发者可能会被起诉。该提议引发了人们对区块链项目开发过程中数据安全的广泛关注。

2. 韩国：制订元宇宙专项规划，力挺元宇宙

韩国政府对元宇宙反应最快，并且积极探索元宇宙。在元宇宙政策方面，韩国走在了世界前沿，韩国首尔市政府发布了《元宇宙首尔五年计划》，宣布将在 5 年内打造"首尔元宇宙平台"。2021 年 5 月，韩国政府发起了"元宇宙联盟"（Metaverse Alliance），支持元宇宙技术和生态系统的发展。元宇宙联盟初期

由 17 家公司组成，其中包括无线运营商 SK 电信公司和汽车巨头现代汽车公司，还包括韩国移动互联网商业协会等 8 个行业团体。随着韩国政府大力推动元宇宙相关项目，如今该联盟已经拥有了 500 多家公司和机构，包括三星集团、KT 公司等。2021 年 11 月 3 日，首尔市市长吴世勋提出"首尔愿景 2030"计划，旨在使首尔成为一个共存的城市、一位全球领导者、一个安全的城市和未来的情感城市，即打造元宇宙城市。目前，该计划已经为元宇宙城市项目投资 39 亿韩元。

此外，韩国政府也在探索将元宇宙应用到旅游业。根据韩国政府制定的《旅游产业复苏及再跃进方案》，韩国政府将利用元宇宙平台，构建融合韩国主要景点、人气影视剧取景地等的"韩国旅游宇宙平台"，并推进元宇宙虚拟旅游与实际访客智慧旅游的"双轨"体系。另外，在韩国政府支持下，元宇宙 ETF（交易型开放式指数基金）在韩国蓬勃发展。数据显示，仅在 2021 年 10 月，韩国就推出了四只新的专注于元宇宙的 ETF，2021 年全年共吸引约 6 亿美元的资金流入。①

3. 俄罗斯：普京为元宇宙发展指明方向，视法律制定为挑战

俄罗斯总统普京在 2021 年"人工智能之旅"国际会议上表示，元宇宙的价值在于，它可以突破距离的限制，让人们无论相

---

① 参考自 https://t.cj.sina.com.cn/articles/view/2166321755/811f725b020016l5v?finpagefr=p_104。

距多远，都可以一起交流、工作、学习，而不是成为人们逃避现实的出路。在他看来，为了让元宇宙发挥应有的价值，必须要对这个"全新世界"制定经济和社会关系规范。对法律学家来说，这是真正的挑战，因为不仅要确保个人在网络空间的安全，还要确保个人在元宇宙的虚拟替身的安全。

4. 日本：支持虚拟空间行业发展

2021年7月，日本经济产业省发布了《关于虚拟空间行业未来可能性与课题的调查报告》，对日本虚拟空间行业目前亟须解决的问题进行了总结，以期能在全球虚拟空间行业中占据主导地位。同时，日本社交网站巨头GREE也宣布将投资100亿日元用于开展元宇宙业务，其目标是到2024年在全球范围内发展1亿多用户，并最终实现旗下直播平台REALITY向元宇宙的转型。

5. 中国：多地政府加码扶持和布局元宇宙

随着元宇宙概念快速蹿红，中国各地方政府也在加码扶持和布局元宇宙，元宇宙这一关键词越来越多地出现在地方政府的《政府工作报告》及相关产业规划中，部分地方政府还出台了元宇宙专项政策，支持元宇宙产业发展。

合肥、武汉、成都、南昌、海口、杭州、南京等多地将元宇宙相关内容写入《政府工作报告》。上海、浙江、北京、黑龙江、安徽、江西等地将元宇宙纳入相关产业发展规划中。此外，无锡滨湖区、上海虹口区、北京通州区、厦门市、广州黄埔区和开发区、重庆渝北区、杭州钱塘区、沈阳和平区等地先后发布了元宇宙产业专项政策，支持元宇宙产业发展。

表 2-1　国内各地元宇宙相关政策情况

时间	发布单位	政策	内容
2022.1	合肥市人民政府	2022 年合肥市《政府工作报告》	前瞻布局未来产业，瞄准量子信息、核能技术、元宇宙、超导技术、精准医疗等前沿领域，打造一批领航企业、尖端技术、高端产品，用未来产业赢得城市未来。
2022.1	武汉市人民政府	2022 年武汉市《政府工作报告》	加快壮大数字产业，推动元宇宙、大数据、5G、云计算、区块链、地理空间信息、量子科技等与实体经济融合。
2022.1	成都市人民政府	2022 年成都市《政府工作报告》	主动抢占量子通信、元宇宙等未来赛道。
2022.1	南昌市人民政府	2022 年南昌市《政府工作报告》	打造全国重要会展目的地，办好 2022 世界VR·元宇宙产业大会、2022 中国航空产业大会暨南昌飞行大会等系列重大活动。
2022.1	海口市人民政府	2022 年海口市《政府工作报告》	复兴城产业园加快国际数字港、国家文化出口基地、国家区块链技术和产业创新发展基地、元宇宙产业基地、集成电路公共服务平台等项目建设，拓展年轻人创新创业空间。
2022.3	杭州市人民政府	2022 年杭州市《政府工作报告》	积极发展量子科技、基因技术、未来网络、人工智能、元宇宙等未来产业。
2022.4	南京市人民政府	2022 年南京市《政府工作报告》	加快元宇宙产业链上下游各环节各主体的协同发展，促进元宇宙与区块链、人工智能、云计算的创新融合，积极构建新金融、新产业的强磁场，新技术、新产品的孵化器，新体系、新模式的试验田，推动更多应用场景落地。

续表

时间	发布单位	政策	内容
2021.12	上海市经济和信息化委员会	《上海市电子信息产业发展"十四五"规划》	加强元宇宙底层核心技术基础能力的前瞻研发,推进深化感知交互的新型终端研制和系统化的虚拟内容建设,探索行业应用。
2022.1	浙江省数字经济发展领导小组办公室	《关于浙江省未来产业先导区建设的指导意见》	围绕打造"互联网+"、生命健康、新材料三大科创高地目标任务,以颠覆性技术突破为引领,兼顾未来场景应用所需前沿性技术,聚力构建以人工智能、区块链、第三代半导体、量子信息、柔性电子、未来网络、空天一体化、生物工程、前沿新材料、先进装备制造、先进能源、元宇宙等领域为重点的未来产业发展体系。
2022.3	黑龙江省人民政府	《黑龙江省"十四五"数字经济发展规划》	推进元宇宙核心技术与主要应用领域关键技术研发应用,支持围绕近眼显示、实时交互、巨量通信、边缘计算、3D建模与渲染、图像引擎等开展研发创新,构建元宇宙技术体系,前瞻布局元宇宙产业。鼓励推进元宇宙在公共服务、智能工厂、城市治理、建筑信息系统与城市信息系统(BIM/CIM)、远程医疗、商务办公、智慧会展、社交娱乐等领域的场景应用,培育以应用牵引、软硬结合、创新集聚、绿色低碳的元宇宙发展生态。
2022.3	安徽省经济和信息化厅	《安徽省"十四五"软件和信息服务业发展规划》	支持企业开展虚拟现实、增强现实、3D引擎、物联网等技术创新,引导企业积极布局元宇宙新兴业态,开展元宇宙平台建设,加速数字技术融合赋能实体经济。
2022.5	江西省人民政府	《江西省"十四五"数字经济发展规划》	紧跟新一代信息技术发展步伐,积极布局VR、"元宇宙"及数字孪生、信息安全和数据服务、物联网、智能网联汽车、无人机等新兴领域,前瞻布局量子信息、卫星互联网、区块链、人工智能等前沿领域,力争实现"弯道超车""换车超车",为全省数字经济发展注入新动力。

续表

时间	发布单位	政策	内容
2022.1	无锡市滨湖区工业和信息化局	《太湖湾科创带引领区元宇宙生态产业发展规划》	到2025年，滨湖将通过元宇宙生态产业集聚发展、关键技术创新发展、专利标准引领发展、应用示范跃迁发展、专业人才梯次发展等手段，打造成长三角元宇宙技术创新高地、生态产业发展高峰、人才集聚高原，基本形成技术引领、企业集聚、示范应用、标准完备的元宇宙产业生态，成为国内元宇宙产业发展的典范，打造元宇宙的"滨湖名片"。
2022.2	上海市虹口区人民政府	《元宇宙产业发展行动计划》	围绕元宇宙生态产业链，重点做好"六个一"：培育和引进一批元宇宙场景应用优质企业；建设一批元宇宙产业经济空间；打造一批硬件技术创新中心；构建一个良好数字经济生态圈；打造一批场景应用示范标杆项目；以及成立一个元宇宙产业党建联盟。
2022.3	北京市通州区人民政府办公室	《关于加快北京城市副中心元宇宙创新引领发展的若干措施》	贯彻落实北京市关于元宇宙产业发展的决策部署，充分发挥政府产业组织作用、资本市场化产业遴选作用和产业联盟、行业协会的政企桥梁纽带作用，加快推动元宇宙相关技术、管理、商业模式等在城市副中心创新应用，培育新业态和新模式，推动信息技术和各类业态紧密融合，促进数字经济蓬勃发展，支撑北京数字经济标杆城市建设。
2022.3	厦门市工业和信息化局、厦门市大数据管理局	《厦门市元宇宙产业发展三年行动计划（2022—2024年）》	力争到2024年，厦门元宇宙产业生态初具雏形，引入培育一批掌握关键技术、营收上亿元的元宇宙企业，元宇宙技术研发和应用推广取得明显进展，对政府治理、民生服务、产业转型升级的带动作用进一步增强。

续表

时间	发布单位	政策	内容
2022.4	广州市黄埔区工业和信息化局（广州开发区经济和信息化局）	《广州市黄埔区、广州开发区促进元宇宙创新发展办法》	大力促进数字孪生、人机交互、脑机接口、增强现实/虚拟现实/混合现实（AR/VR/MR）等元宇宙技术变革与应用创新，贯彻落实《"十四五"数字经济发展规划》《广东省国民经济和社会发展第十四个五年规划和2035年远景目标纲要》《广州市工业和信息化发展"十四五"规划》等文件精神，推动元宇宙相关技术、管理、商业模式的产业化与规模化应用，培育工业元宇宙、数字虚拟人、数字艺术品交易等新业态和新模式，引领新一轮科技革命和产业变革。
2022.4	重庆市渝北区人民政府办公室	《渝北区元宇宙产业创新发展行动计划（2022—2024年）》	力争到2024年，在工业、交通、文旅、商贸、教育、医疗、会展、政务等领域，构建形式多样的元宇宙新模式新服务新业态，元宇宙技术研发和应用推广取得明显进展。基本建成元宇宙产业创新生态体系，高端研发机构、专精特新"小巨人"企业高度集聚，推动"创新链、研发链、人才链、价值链、产业链"融合发展，元宇宙产业集群化发展效果显现。
2022.5	杭州市钱塘区管理委员会	《杭州钱塘区"元宇宙"产业政策》	高层次人才来钱塘创办元宇宙产业项目的，给予最高1 000万元启动资金和研发费用补助、最高1 000平方米3年租金补贴。产业发展紧缺、水平特别突出的创业项目，最高给予1亿元资助。
2022.6	沈阳市和平区工业和信息化局、科学技术局	《和平区元宇宙产业创新发展行动计划》	力争到2024年构建元宇宙产业发展的"产学研用政金"一体化新模式，搭建元宇宙产业创新生态体系，建设东北元宇宙创新发展第一区。

第二节 元宇宙技术基础

目前，元宇宙主要有六大核心技术：区块链技术（Blockchain）、交互技术（Interactivity）、电子游戏技术（Game）、人工智能技术（AI）、网络及运算技术（Network）、物联网技术（Internet of Things）。

一、区块链技术

分布式账本、智能合约、分布式存储、数据传播及验证机制、哈希算法及时间戳等区块链技术是支撑元宇宙体系的重要技术。其中，分布式账本保障元宇宙用户可以监督交易合法性，同时也可以共同为其做证。智能合约实现元宇宙中的价值交换，并保障系统规则的透明执行。分布式存储保障元宇宙用户虚拟资产、虚拟身份的安全。数据传播及验证机制为元宇宙经济体系的各种数据传输及验证提供网络支撑。哈希算法及时间戳技术为元宇宙用户提供底层数据的可追溯性和保密性。

区块链通过形成共识机制来解决信用问题，利用去中心化的模式实现网络各节点的自证明,保障元宇宙用户的交易平等且公平、透明。

二、交互技术

交互技术主要包括虚拟现实技术、增强现实技术、混合现实技术、全息影像技术、脑机交互技术、传感技术等。虚拟现实技术为元宇宙用户提供更加沉浸式的体验。增强现实技术以现实世界的实体为主体,借助数字技术帮助元宇宙用户更好地探索现实和虚拟世界。混合现实技术将虚拟物体置于真实世界中,让元宇宙用户实现虚拟与现实的互动。全息影像技术能够使元宇宙用户不用佩戴设备,就可裸眼实现现实与虚拟的互动。脑机交互技术为元宇宙用户提供非常快速、便捷的交互方式。传感技术(体验、环境等)为元宇宙用户提供更加真实有效的交互方式。

三、电子游戏技术

电子游戏技术一般指电子游戏,是一切依赖于电子设备平台运行的交互式游戏。人们需要通过 AR/VR 设备进入元宇宙的虚拟场景,而 AR/VR 设备大多用于游戏,因此元宇宙最早应用在游戏领域。

电子游戏使用的主要技术是游戏引擎,它是指某些已经开发的可编辑电脑游戏系统或者某些交互实时图像应用程序的核心组件。游戏引擎可以为游戏开发者提供编写和制作游戏所需的各种工具，降低游戏开发门槛，提高游戏开发效率。游戏引擎包含2D或3D图形绘制引擎、物理引擎或碰撞检测（及碰撞反应）、声音、脚本、动画、人工智能、网络、流媒体、内存管理、线程、本地化支持、场景图、过场动画等。游戏引擎为元宇宙中的各种数字场景内容提供技术支撑，游戏引擎的仿真能力、渲染能力与计算能力，支撑了元宇宙的物理正确性和实时性。

四、人工智能技术

人工智能技术为元宇宙的大量应用场景提供技术支撑，包括计算机视觉、机器学习、自然语言处理、智能语音等多种技术。计算机视觉技术作为现实世界图像的数字化关键技术，为元宇宙提供虚实结合的观感。机器学习技术为元宇宙当中所有系统和角色达到或者超过人类学习水平提供技术支撑，极大地影响了元宇宙的运行效率和智慧化程度。自然语言处理技术保障元宇宙主体和客体之间以及主客体与系统之间进行最准确的理解和交流。智能语音技术为元宇宙用户之间、用户与系统之间的语言识别和交流提供技术支撑。

五、网络及运算技术

网络及运算技术包括提供基础通信的 5G 高速通信网络，以及包含云计算、分布式计算、边缘计算等在内的综合智能网络技术。高带宽、低延迟、高同步的 5G 网络，为元宇宙发展提供持久的、实时的连接，以及信息传输功能为用户带来更实时、更流畅和更沉浸式的体验。另外，元宇宙拥有庞大的数据量，对算力提出更高的要求。云计算、边缘计算为元宇宙用户提供功能更强大的算力支撑、更轻量化的存储空间、成本更低的支撑服务。同时，边缘计算解决成本和网络堵塞的问题，为元宇宙用户提供低延时、更流畅的体验。

六、物联网技术

物联网是指通过信息传感设备，按约定的协议，将任何物体与网络相连接，物体通过信息传播媒介进行信息交换和通信，以实现智能化识别、定位、跟踪、监管等功能。[①] 物联网技术为元宇宙感知世界万物的信号和信息来源提供技术支撑，既具有物理世界数字化的前端采集与处理功能，同时也承担了元宇宙虚实共生的虚拟世界去渗透乃至管理物理世界的职能。只有物联网实现万物互联，元宇宙的虚实共生才有实现的可能。

---

① 黄长清. 智慧武汉［M］. 武汉：长江出版社，2012.

第三节　元宇宙本质特点

一、数据成为重要的战略性资源

如果说钢筋混凝土是现实社会的基建，那么数据则是数字世界的基本构成元素。数据是数字经济时代的基础性资源、战略性资源和重要生产力，无论是元宇宙还是数字社会，都对数据给予了深厚的期望。将数据纳入生产要素范畴已成为全球共识。2020年，《中共中央国务院关于构建更加完善的要素市场化配置体制机制的意见》将数据与土地、劳动力、资本、技术等传统要素并列为要素之一，提出要加快培育数据要素市场。这也是人类历史上首次将数据纳入生产要素范围。2021年，《"十四五"数字经济发展规划》提出，数据要素是数字经济深化发展的核心引擎，并从落地操作层面为数据纳入生产要素提供了支撑。数据作为数字经济的重要组成部分，为元宇宙的发展提供了必要的支撑。

数据生产力创作价值的基本逻辑是围绕数据进行搜集、加工、分析、挖掘，并在这个过程中将数据转变为信息，信息转变为知识，知识转变为决策。数据要素的价值不在于数据本身，而在于数据要素与其他要素融合创造的价值,这种赋能的激发效应是指数级的。数据要素融入劳动、资本、技术等要素中,不仅能够提高这些要素的生产效率,带来劳动、资本、技术等要素之间的倍增效应,更重要的是能够提高劳动、资本、技术、土地这些传统要素之间的资源配置效率。数据要素和传统生产要素革命性聚变与裂变,成为驱动经济持续增长的关键因素。在数字生产力时代,劳动者通过使用智能工具进行物质和精神产品生产,数据赋能的融合要素成为生产要素的核心,整个经济和社会运转被数字化的信息所支撑。

归根到底,元宇宙是虚拟和现实的融合,而这离不开数据的连接。元宇宙本身就是一个数据产生、流转、利用、重组的市场化生态系统,数据在元宇宙中天然就是生产要素,而且是最重要的生产要素。元宇宙为将数据纳为生产要素提供了一种市场化机制。[①] 数据要素作为驱动元宇宙创新发展的关键要素,不仅会促进未来元宇宙产业的发展,还会促进产业元宇宙的发展,即数据要素将对元宇宙各部门带来辐射带动效应。目前,大数据已经广泛应用于工业、农业、零售、交通、能源、教育、医疗、政府管理、公共事务等多个领域。而映射到虚拟世界中,大数据也可以起到相同的作用,推动元宇宙中各个产业高速发展。元宇宙依赖人们通过智慧操控数据去创建一个虚拟的世界,在元宇宙中没有

---

① 吴桐,王龙.元宇宙:一个广义通证经济的实践[J].东北财经大学学报,2021(10).

真实的东西，基建是利用虚拟仿真技术以及数字孪生技术，按照设计师想象中的世界的样子去建设的，每一个新进来的人都会有一份相应的数据档案，之后产生的交互数据被不断填充到各个数据节点中，也由此织成一张大网。可以设想，如果元宇宙发展成型，被应用于商业和生活中，那么它将会产生庞大的数据量，并给现实世界带来不小的硬件与云端压力。

二、算法是虚拟世界的运行规则

一般来说，算法是一种通过分析、计算和求解某些数据来解决特定问题的操作程序。算法最初仅用来分析简单的、小范围的问题，其基本特征是输入、输出、通用性、可行性、确定性和有穷性等。算法存在的前提就是数据信息，而算法的本质在于获取、占有和处理数据信息，从而生成新的数据信息。简单地说，算法就是对数据信息或获取的全部信息的改造和再生产。

随着越来越多的数据产生，算法逐渐从单一的数据分析工具转变为能够对社会产生重要影响的力量。社会化的算法本质上已经不再是一个简单的计算程序，它已经与社会化的知识、利益甚至权力交织在一起，深刻影响着社会发展。在数字社会中，网络成为人们日常生活中获取知识、进行日常消费乃至规划出行的重要方式，各类搜索引擎、App 充斥着人们的生活，而这些都是基于大数据和算法之上，人们的每次点击和搜索都会成为算法进行下一步计算的依据，人们的生活也会受到算法的影响甚至支配。算法还可以根据消费者的浏览点击情况和购买行为精准预测消费者的消费习惯和消费能力，从而匹配广告进行精准投放，甚至为消费者设置可接受的价格，实现差异化定价。企业可以通过调整算法来引导消费者的行为，也可以直接投入依靠算法预测出的畅销商品，从而获得高额利润。算法甚至日渐成为影响公共行政、福利和司法体系的重要依据。

在现实世界中，所有导流都是由算法来决定的，拥有了流量就等于拥有了一切。算法的强大力量也将体现在元宇宙中，基于大数据和机器深度学习的算法拥有越来越强大的自主学习和决策功能，为人们对元宇宙的新认识和改造提供了一种新的方法。虚拟世界的流量就等同于现实世界的能量，掌控流量就相当于掌控世界。元宇宙中的流量是通过不同的平台算法来控制的，算法按照预先设定好的规则来分配流量，掌握元宇宙的分配权。在元宇宙中，算法相当于现实世界中的立法权、司法权、执法权，决定各种利益的再分配。元宇宙中的纠纷和冲突不会诉诸法院，而是由算法的指定人修改算法。所以，算法在统治权中也获得了所有法制权威，并可以制定元宇宙世界的运行规则。

第四节　元宇宙终极形态

"元宇宙+"的终极愿景是广泛作用于政治、经济、文化、生态等多个领域。纵向上，实现从微观的行业改造升级到中观的产业革新，再到宏观的经济运行状态重构；横向上，实现从商业逻辑再建到社会治理方式重塑，再到社会文明变革。最终，完成社会整体形态转型，元宇宙思维全面渗透，虚拟世界与现实世界保持高度互联互通，交互结果近乎真实，实现高度同步和拟真。

一、元宇宙思维全面渗透

纵观人类发展史，每一次的技术变革都会带来思维方式的革新与思想潮流的解放。元宇宙时代也避免不了这一规律。元宇宙以极强的渗透能力，改变了人们传统的生活观念、生产方式以及思维模式，推动传统产业甚至新兴业态的创新与变革。一方面，不断升级的元宇宙技术影响人们的思想观念，元宇宙平台尤其是各类自由创作的开放性平台的出现，使得人人都可以成为创作者，每个个体都有一个虚拟化身，以虚拟身份自由参与数字世界的生活，每个人都可以自主创作，创造独特的玩法并借助AR/VR设备将创作者的作品以立体化的形式呈现出来，创造属于自己的世界。开放性的平台促进了人们的创作积极性，极大地解放了人们的创造性思维。另一方面，政府可以在元宇宙开辟办公平台，打造元宇宙行政服务生态，在提供公共服务时克服行政服务功能上的局限性，以及时空限制和语言障碍等困难，提升工作效率。因此，元宇宙思维将在数字政府建设中发挥重要作用。

在工业与农业领域，元宇宙技术将推动工业互联网向更深层次发展，数字孪生技术将使得农业生产更加高效。虚拟植物、模拟害虫、质量溯源等先进的元宇宙技术和手段能够显著提升农业的现代化水平，帮助农民拓展市场的同时也能提升农产品的质量。随着元宇宙与各产业、行业的融合，元宇宙用户思维、数据思维、平台思维等将进一步向企业、消费者渗透，让他们有意识或无意识地使用元宇宙思维互动、生活。在这种思维方式的渗透下，生产者和消费者的地位也逐渐发生倾斜，更强调消费者需求导向。消费市场正朝着个性化、体验化、多样化的方向发展，同时也产生了新的消费需求。元宇宙思维渗透最有效的仍然是在企业层面的应用中，经济活动的利益性和竞争性的特点，倒逼企业在发展过程中不断更新和迭代升级。唯有保持创新，才能在循环发展中推动社会前进。随着元宇宙与各行业的深度融合，传统企业应当以积极的姿态拥抱元宇宙，只有与时俱进、自我革新，才能避免被时代抛弃。当元宇宙逐渐融入大众的日常生活中并成为日常生活的一部分时，大众在享受元宇宙带来的便利和高效的同时，也在不断地推动元宇宙思维的变革和更新。换句话说，大众既是元宇宙思维的实践者，也是元宇宙思维的创造者。

二、"元宇宙+"是一场循序渐进的变革

元宇宙是虚拟世界中的文明，是类似于现实世界但又独立于现实世界的虚拟空间，其发展具有阶段性特征。随着元宇宙基建的不断推进、虚拟现实技术及硬件设备的不断发展，以及成本的不断降低，元宇宙将实现从初级发展阶段向数字孪生阶段、虚实共生阶段等逐步升级，元宇宙终极形态可能是一个底层开放互通、虚实共生的平台。"元宇宙+"大致分为以下三个阶段，不同发展阶段将呈现出不同的发展特征。

第一个阶段，元宇宙开始与传统产业相融合，在这个过程中逐渐克服传统产业存在的弊端，提高社会生产效率，包括对现有产业的改造和催生新兴业态。此阶段，"元宇宙+"通过产业的元宇宙化推动经济形态的逐步变迁。

这一阶段，元宇宙率先在游戏、社交领域，围绕UGC（用户生成内容）游戏平台和通过创造虚拟IP化身形象来构建虚拟社交关系网的社交平台进行变革。以虚拟货币为核心的初级经济形态初步形成，内容场景趋向多元化，在虚拟世界可以基本实现娱乐和社交功能，用户体验显著提升。该阶段的元宇宙游戏平台

和社交平台积极开发多元化内容，增加平台内容多样性，不断丰富平台生态建设。通过多样化内容与平台用户进行良性互动，驱动平台用户数量增长。同时推动元宇宙应用场景逐渐从游戏、社交领域向娱乐、办公、商业、文旅、教育、医疗等领域拓展，推动上述领域服务模式变革，为用户提供沉浸式体验服务。

第二个阶段，"元宇宙+"与传统产业紧密结合，元宇宙技术发展和应用逐渐成熟，元宇宙将推动信息技术和经济社会变革，催生元宇宙新产品、新业态、新商业模式，同时加速向生产生活领域渗透。"元宇宙+"对社会经济生活产生重大影响，虚拟和现实的边界越发模糊，现实世界中的生产生活场景在虚拟空间同步运行，数字孪生技术将成为生产环节的重要支撑工具，元宇宙将在工业互联网、电商、物联网、生活服务、新消费、金融等领域大规模落地，更多物理世界的实体产业有望完成元宇宙化转型，用户数量、使用时长、用户活跃度都将进一步提升，元宇宙将逐渐融入人们的日常生活中。

这一阶段，元宇宙场景应用需求激增，元宇宙内容迎来大爆发。硬件和基础设施不断完善，元宇宙渗透领域逐步扩大，应用场景内容需求随之增长。现实世界的场景如娱乐、工作、学习、购物等，也将映射到元宇宙中，此时人们就需要到元宇宙中开公司、办学校。这一阶段的元宇宙内容应用主要体现为三大类：一是生活基本消费品，比如元宇宙中的房子、家居、汽车、衣服、鞋子等；二是内容制作，比如元宇宙中的游戏、演唱会、艺术展、旅游等；三是场景开发，比如《清明上河图》的元宇宙场景，直接呈现出《清明上河图》中所描绘的宋朝的历史、人文以及生活场景。

第三个阶段，"元宇宙+"完全融入传统产业，未来社会不存在元宇宙企业和非元宇宙企业之分，不存在完全脱离实体经济的元宇宙虚拟经济，也不存在完全脱离元宇宙的实体经济。

在这一阶段，虚拟和现实之间的边界消除，虚拟和现实变得密不可分，所有现实产业将涌入元宇宙世界，甚至在现实社会中没有的产业也会在元宇宙中繁荣发展。实体产业元宇宙化的同时，元宇宙产业由虚向实的各类业态也将快速发展，例如生物智能3D打印、超级器官制造等。多元物种和业态大量涌现，社会实现高度智能化发展。此阶段，虚拟社会和现实社会将会保持高度互联互通，联系更加紧密，交互效果也更加接近于真实。现实社会中发生的所有事情都可能在元宇宙中同步发生，从而实现虚拟和现实的高度同步和拟真。到那时，虚拟世界的文明将会形成，《头号玩家》中"绿洲"级别的数字宇宙将会真正成为现实，让用户在虚拟世界中的交互可以得到近乎真实的反馈，实现虚实共生。

第三章

"元宇宙+"：更深刻地改变社会经济模式

第三章 "元宇宙+": 更深刻地改变社会经济模式

第一节 "元宇宙+"对经济的影响

一、技术创新为产业融合提供可能

产业融合是伴随着技术创新与扩散而出现的一种经济现象。技术创新是产业融合的内在驱动力,并且在不同产业之间扩散而导致技术融合。同时,技术融合使不同产业形成了共同的技术基础,并使不同产业的边界趋于模糊,最终导致产业融合。20世纪70年代的通信技术革新(光缆、无线通信、宇宙卫星的利用和普及)和计算机处理技术的革新及迅速发展,推动了通信、邮政、广播、报刊等传媒间的相互融合,产业融合发展初见端倪。[1] 随着技术创新的不断加速,产业融合成为社会生产力进步和产业结构调整的必然趋势。

在各个时代,产业融合都建立在一定的技术基础上。而在元宇宙时代,数字技术带来的产业变革及融合并非简单的技术升级,而是全行业的底层商业模式和产业链条的革新。"元宇宙+"

---

[1] 陈柳钦.技术创新、技术融合和产业融合[J].江南大学学报(人文社会科学版),2007(5): 63-68.

的产业融合属于渗透性融合，在元宇宙技术的驱动下，元宇宙与相关产业融合发展，产业边界逐渐模糊，呈现出"1 + 1 > 2"的效果。"元宇宙 +"对产业的融合与赋能主要表现为两种形式：一是在产业融合后，传统的生产方式与产品形态并没有完全消失，而是在现有基础上实现了提质与升级；二是在产业融合后，全新的元宇宙业态形成，并独立于原有产业。"元宇宙 +"赋能下，将会出现与现在截然不同的产业图景和商业形态，进一步推动数字经济与实体经济的深度融合，助力"百行千业"全面转型升级，为企业和各行各业开辟全新的发展空间。

二、"元宇宙 +"改造与提升传统产业

元宇宙在社交、游戏等领域快速发展，并逐渐向娱乐、办公、商业、文旅、教育、医疗、制造、金融等领域拓展。元宇宙向传统行业扩张的过程，也是形成新平台、产生新业态、构建新应用场景的过程，"元宇宙 +"为各行各业带来了改良与提升的机会。

其中，游戏和社交无疑是"元宇宙 +"应用最为活跃的领域。近两年，《我的世界》《堡垒之夜》等一批元宇宙游戏以及 Zepeto（崽崽）、Soul 等元宇宙社交平台纷纷涌现。一方面，游戏的试错成本较低且容错率较高，非常适合作为新型技术的"试验场"；另一方面，在游戏和社交领域，元宇宙的沉浸感会带来

比其他行业更为显著的用户体验的提升。因此，这两个领域在元宇宙发展初期最容易搭上发展的"快车"。根据市场调查机构 IDC 的数据，2021 年全球虚拟现实游戏支出为 7.4 亿美元，同比增长 46%。未来，随着内容生产方、硬件设备提供方、平台搭建方等多方入场，以及用户虚拟消费习惯的养成，元宇宙游戏市场规模还将进一步扩大。光大证券发布研究报告称，预计 2025 年我国游戏的元宇宙渗透率将达 25%，国内元宇宙游戏的市场空间将达 1 397 亿元。

而元宇宙社交也使人与人之间的非线下沟通变得更加多元化，比如通过虚拟现实、增强现实等沉浸式影像技术的加持，实现"面对面"互动体验，进而塑造自己的虚拟化身，建立或加入虚拟社群。此时，用户无须再躲在各种屏幕后面，而是可以在虚拟空间里满足自己的精神生活。这种社交不再是物理位置的"附近"，不再以"添加微信"为目标，也不再是线下社交关系的映射，它会要求用户以真实的姿态去面对社交环境。甚至，人们还可以开发虚拟房产、创造数字艺术品，并进行交易，从而构建一套完整的虚拟经济体系。

三、"元宇宙 +"创新经济发展模式

1. 元宇宙激发创作者经济活力

元宇宙经济是一种以创作者为主导的经济系统，它的建立和

运转并不是由某一个行业巨头来完成，它需要广大用户共同完成，每一个参与者都通过自己的设计为元宇宙贡献力量和增加价值，共同打造一个全方位互动的环境，从而实现更逼真的模拟。

元宇宙游戏平台 Roblox 是元宇宙创作者经济的典型代表。Roblox 构建了以虚拟货币 Robux 为核心的大型经济生态体系。从创作者层面来看，创作者可以将自己创作的虚拟产品进行交易来获取虚拟货币。玩家在游戏中充值的 Robux 有近四分之一将成为创作者的收入，这也激发了用户从普通玩家转化为创作者的热情。创作者通过会员时长奖励、出售游戏和人物装备等方式赚取 Robux，在符合平台资质的情况下，可以以 1 Robux 兑换 0.0035 美元。如果不提现，创作者可以再投资 Robux 用于内部广告宣传，也可以转化为用户身份使用 Robux。对于平台来说，大量创作者持续推动平台内容更新迭代，带给玩家新的体验，并吸引更多玩家进入。基于虚拟货币 Robux，创作者与平台之间形成了一个较为透明的博弈格局，在创作收益的激励下，创作者入驻意愿增强，给平台带来了活力。从 Roblox 的市场表现来看，从 2021 年 3 月在美股上市后至 2021 年第三季度，其营收已经达到 5.09 亿美元，全球日活跃用户数量（DAU）已达 4 730 万，单日游戏时长已达 2.63 小时，长期排在 ios 美国畅销榜前列。平台游戏内容已超过 1 800 万，生活方式类游戏《收养我吧！》（*Adopt Me!*）访问人次超过 200 亿。根据 Roblox 招股书，截至 2021 年第一季度，公司开发者分成为 1.19 亿美元，占营收的比重为31%。由此看来，Roblox业务保持高速增长，其"与创作者共赢"的商业模式已经初步被市场认可，有望成为元宇宙早期成功的商业模式。①

2. 元宇宙深化虚拟经济发展

在元宇宙之前，虚拟经济虽然取得了一定程度的发展，但基本上是相对碎片化、分散化的，并且对现实世界的依赖性较强。元宇宙虽然也与现实世界保持紧密的联系，但具有相对独立性，有独立于现实世界的虚拟空间；同时，元宇宙具有数字化、虚拟化的特点，是一个相对去中心化、具有聚合性的系统。虚拟经济将成为元宇宙最基本的经济活动形式，其金融货币不再是贵金属，而是一种虚拟的社会性货币。以区块链为基础的经济系统，可以为元宇宙提供包括网络支付、价值转移和价值储藏在内的多种金融服务，比如为元宇宙用户提供虚拟资产、虚拟数据和虚拟权益的标记、确权和交易服务。另外，公平、透明、高效的经济系统也有助于提高元宇宙用户的大规模协作效率。区块链基础下的数字货币系统，尤其是NFT的发展，为元宇宙发展提供了经济载体，构建了元宇宙的基本交易秩序。元宇宙的核心在于对虚拟资产和虚拟身份的承载，而这些依赖于NFT来实现。这种对现实世界底层逻辑的复制，让元宇宙成为一个稳固的平台，所有

---

① 数据参考自https://mp.weixin.qq.com/s/ia3yJWLovwz-rANsjpYiEA，2021-01-13/2021-01-21。

使用者都可以参与创造，且劳动成果受到保护。NFT通过区块链打破了传统经济范式下对产权、版权、规制等的门槛限制，充分发挥了数据、知识等要素的潜能，在一定程度上规避了互联网巨头的垄断，实现要素组合和长尾创新，进一步释放数字经济的生机与活力。①

这两年，NFT规模迅速增长。2021年3月，推特（Twitter）创始人杰克·多西将自己的第一条推特以NFT形式出售，内容仅为五个单词——"just setting up my twttr"（刚设置好了我的推特），拍卖价格高达250万美元。之后不久，著名加密艺术家Beeple的NFT作品《每一天：前5 000天》在佳士得拍卖行以近6 935万美元的价格出售；特斯拉首席执行官埃隆·马斯克拟以4.2亿枚DOGE（狗狗币）出售其NFT音乐作品。随着这些现象级的NFT产品的出现以及元宇宙概念的兴起，NFT的受关注度和整体规模达到空前的高度。全球知名加密数据行情平台CoinGecko的数据显示，2021年上半年，NFT行业整体市值达到127亿美元，较2018年增长近310倍。根据数据分析公司NonFungible的统计，2021年第二季度NFT交易规模达7.54亿美元，同比增长3 453%，环比增长39%。

NFT的出现实现了虚拟物品的资产化。NFT是一种非同质化资产，不可分割且独一无二。NFT可以将虚拟物品映射到现

---

① 参考自 http://www.lianmenhu.com/blockchain-27014-13。

实中，并成为虚拟物品的交易实体，实现虚拟物品资产化功能。NFT 的出现使传统的虚拟商品交易方式发生了变化，使其从服务向交易实体转变，用户不仅可以自己创造 NFT 并获取收益，还可以跨平台转移数字资产，维护元宇宙的去中心化。例如，传统模式下的游戏装备和皮肤，从本质上来说，是游戏平台提供的服务而非资产，游戏运营者通常将游戏物品作为服务内容销售给用户。创作平台也是如此，用户使用他人的作品时也需要支付相应的费用。而 NFT 的存在改变了传统虚拟商品的交易模式，就像在现实世界的生产一样，可以直接生产虚拟商品并进行交易。NFT 可以从游戏平台中脱离出来，用户之间也可以自由交易相关 NFT 资产。NFT 的唯一性和不可分割性使其可以很好地标识出具有排他性和不可分割性的权益和资产，让元宇宙中数字资产的价值归属、流通、变现以及虚拟身份的认证成为可能。

第二节 "元宇宙+"深入改变生活方式

一、全方位颠覆生活方式

元宇宙将是迈向数字时代的载体，在元宇宙中，现实世界将与虚拟世界保持高度的同步和拟真，现实世界的大部分场景也将被转移到虚拟世界中，我们将生活在无时不在、无处不在的数字网络中。在虚拟世界，你可以扮演另一个自己，体验与现实世界不同的工作或生活。元宇宙也将渗透到生活的方方面面，对人们的饮食、住宿、出行、购物等进行全方位的颠覆。

在饮食方面，元宇宙赋能下的场景正在以独特的科技感和未来感打破时空限制。例如，虚拟服务员能够与顾客进行简单的沟通，帮助顾客完成点餐，极具互动感和科技感；随机一键切换的海量场景可以带给顾客不一样的视觉震撼；利用虚拟影像装置可以模拟各种有趣的画面，与顾客进行互动。

在住宿方面，元宇宙可以为消费者提供更真实的在线虚拟选房服务、更真切的虚拟会议场所，使消费者可以在出行前真实了解酒店住宿环境和条件。未来，随着元宇宙的发展，酒店还可以打破空间限制，通过定制化、个性化的元宇宙空间为客人提供更多的虚拟场景，从而提升坪效与收益。酒店可以基于元宇宙打造虚实结合的旅游方式，使游客在酒店内即可体验部分旅游目的地，这对于行动不便的游客，以及需要长时间排队或者座位有限的场所，乃至交通不便的景点，都有切实的应用意义和价值。

在出行方面，元宇宙中的导航或许可以直接显示在车前的地标线上，前车窗会有一些必要的信息显示和提醒，同时也会有语音导航系统。因为导航是直接在地标线上显示的，所以就会减少人们走错路的情况。如果有多条出行路线，人们也可以根据路况选择最便捷的线路。在路上，地图上的商场、餐厅等标识会直接显示在相对应位置的上方，非常便于查找。在现实生活中很多人往往会忘记停车的位置，不过在元宇宙中，这些导航系统将会引导你直接找到自己的车。

在购物方面，移动互联网时代电子商务快速发展，网上购物极其便捷，淘宝、京东、亚马逊等电商平台容纳众多品牌，但是仍然存在诸如无法知道精确尺寸、无法试穿或试戴等问题。元宇宙的出现进一步提升网络购物和虚拟购物体验，不仅可以解决试穿或试戴的问题，消费对象也从现实的消费者转向虚拟人物。例如，印度一家销售眼镜的电子商务公司 Lenskart 推出了虚拟试戴功能，通过摄像机来显示消费者佩戴眼镜的效果。美国零售品牌 GAP 基于元宇宙推出虚拟试穿功能，利用 3D 虚拟形象来为消费者展示试穿效果，使消费者可以根据试穿效果去选择合适的衣服,从而提高网络购物的满意度。

二、深刻改变社群关系和价值观

互联网及数字技术的发展使得人们的社交圈不断扩大,从移动互联网时代的社交到元宇宙时代的社交,社交圈扩大的关键因素是基于兴趣和爱好的社交内容的强化。人际关系逐渐从传统的以熟人为核心转向以基于虚拟身份的兴趣、爱好、圈层等为核心。随着元宇宙的不断发展,人们对工作和生活方式的选择更加自主化,娱乐方式更加多样化,精神也更加自由。在元宇宙时代,基于兴趣的场景有望成为人们交流的纽带,这种纽带有别于现实中的空间纽带,是基于某种共同志趣和自身属性的联结,可以打破地域限制、身份地位、外在物质、名利等的隔阂与偏见,这种联结有望形成虚拟世界的"邻里关系"。这种由内而外发生变化的人际社群关系将对整个社会的结构带来深刻的改变和影响。这种人际关系的改变表面上看起来像是打破了之前人与人之间的关系,但实际上却是将个体从现实的人际关系中解放出来,让人在更广阔的空间里进行交际,增强人与人之间的横向联系,使人们能够跨越地域、种族、身份等限制,自由地沟通。

另外,随着社会经济水平不断提高,人民生活水平不断提升,共享价值标准不断变化,人们越来越注重自我价值的实现,而"创造+分享"正是自我实现的主要动力。在元宇宙中,每个人都有一个虚拟化身，以虚拟身份自由参与数字世界的生活。每个元宇宙的参与者都可以创造独特的玩法，创造自己的世界。元宇宙作为一个自由创作的开发型平台，其主流方向是用户创造内容，即所有参与者都可以参与元宇宙的"共建、共创、共治、共享"。例如，在元宇宙游戏中，用户可以是玩家，也可以是开发者，自由创作和编写各类游戏。在游戏中完成任务，用户会获得奖励，这种奖励可能是游戏积分、游戏币，也可能是稀有的皮肤或者装备。这种任务奖励机制是元宇宙中生产的前提，同时也满足了玩家自我实现的需求。另外，去中心化的元宇宙决定了将没有一个中心化的平台来制定规则，各种规则将由全体元宇宙公民共同制定、共同完善。在自我实现需求的激励之下，人的自主性被极大地激发出来，平等、自由、共建、共享、共治逐渐成为人们价值观的核心理念。

第三节 "元宇宙+"推动社会治理方式变革

一、实现去中心化治理

"中心化组织+监管机构"是物理世界中最典型的社会治理模式，而在数字世界中，区块链技术实现了"去中心化组织+智能合约自治"的治理模式。目前来讲，元宇宙的核心治理模式主要是 DAO（Decentralized Autonomous Organization），即"去中心化组织"。作为一种组织形式，DAO 的概念发源于自组织系统。20 世纪 90 年代初，社会学家瓦尔特·鲍威尔曾指出，自组织是独立于层级制与市场之外的第三种治理机制。DAO 组织是以区块链技术应用结合管理学自组织管理理论产生的新型管理组织，由一群有着共同愿景的组织和个人自愿加入，协作完成组织目标和任务，并根据工作职责、工作量化结果、工作效果，以激励方式来完成利益分配，通过区块链技术的共识机制和智能合约来执行对组织的管理、运营、决策等，从而实现智能化管理和通证激励的组织形态。①

DAO 的目标是实现去中心化治理,即社区共治,通过智能合约保障和促进去中心化决策,一旦社区形成决策,将通过智能合约的代码执行,实现绝对客观,即"代码即法律"(Code is Law)。DAO 保障了社区的规则制定权,形成了元宇宙的治理基石。DAO 的治理模式下,元宇宙完全是去中心化的,它具有开源、资产自由流动、人员自由贡献、社区投票表决、治理结果的执行不受干扰等特征。没有人拥有指挥权,管控分散存在而非按照等级划分。这在一定程度上消除了组织内部的不平等现象,使组织内的每一个人都能进行全面的沟通、交流,使其意见、观点都能够得到充分表达。例如,在中心化管理时代,用户通过公告或新闻获取产品或公司动态,而在未来的 DAO 体系下,用户可以参与项目发起提案、提案投票、提案落地、收益分配等全流程并进行监督。

二、政府职能隐形化

作为下一代互联网的终极形态,元宇宙具备比互联网更加先进的生产实践能力,可以在互联网的基础上更进一步促进人的精神、实践以及个性的自由全面发展。人们开始接受比互联网时代

---

① 张东向,蔡茂华.道可道,非常 DAO——论道"DAO 组织管理"[J].清华管理评论,2020(11):29-34.

更多的信息，自主参与意识不断增强，自主性得到极大解放，从而推动社会治理方式变革；政府角色将从管理者转变为服务者，政府管理职能也将更加隐形化。

元宇宙的发展将实现虚拟与现实深度融合，从而简化政府工作流程，提升工作效率。政府决策的制定与反馈以及与群众之间的交流将会更加顺畅。元宇宙的快速发展也将推动政府工作更加专业化、人性化，通过搭建元宇宙政务平台，让公民以更安全、更人性化的方式参与社会治理。同时，随着信息透明化程度不断提高，社会治理机制不断创新，政府与群众之间的隔阂将逐步被打破，进一步实现两者之间平等交流。而在这种平等交流之下，民智得到最大限度的开发，社会不断进步，政府管理也以更加柔性的方式开展，引导群众参与自治、协助管理，从而为群众提供更高品质的服务。

三、创新公共服务方式

互联网时代，政府通过开通政府门户网站、政务微博、政务微信公众号等线上服务平台，与网民进行平等的交流，此举不仅拓展了政府公共服务的方式与渠道，更为人民群众维权和参与政府公共事务管理提供了便利。但由于技术发展的限制，这些建立在互联网上的政府公共服务平台一般是按照已经设置好的既定程序为群众提供服务，无法满足群众的复杂需求。另外，这种交流是线上对线上的，隔着屏幕，是有"壁"的，缺少必要的人文关怀。而元宇宙的特性与功能可能会在一定程度上打破政府与群众之间的"壁"，弥补缺乏人文关怀的弊端。

元宇宙的"身份性"特征决定了每个人在进入元宇宙的时候都将有一个"虚拟化身"。元宇宙的概念特征允许人们通过动态的虚拟化身在元宇宙这一融合性虚拟空间中自由地进行全场景化和全沉浸式的互动、交流与创造，在这个空间中，人们虽然是通过虚拟化身来进行交流互动的，但却能获得与现实交流互动同样的身体和精神感受。[①] 鉴于元宇宙的沉浸式、互动性特征，元宇宙政府公共服务平台或许可以在降低人民群众获取服务成本的同时，也能使公共服务不失人文关怀。2021年，韩国首尔政府发布《元宇宙首尔五年计划》，提出提升城市行动力，建成名为"元宇宙120中心"的虚拟综合办事大厅，可以方便地处理各种业务申请、咨询和商谈服务。该计划还提出建设"元宇宙市长室"，为市民提供一个与市长沟通、建言献策的渠道。另外，该计划还将搭建"元宇宙智能工作平台"，使后疫情时代的市政工作在网络虚拟空间即可完成，不再受到时空的限制。同时，元宇宙智能工作平台也将引入人工智能公务员，配合公务员的虚拟化身一同为市民提供更专业、更高效和更智能的服务。

---

① 张爱军，刘仕金.政治权力视域下的元宇宙功能与优化[J].阅江学刊，2022，14（1）.

第二篇

"元宇宙+"：数字经济时代的产业革命

　　人类社会发展至今，经历了多次重大的生产力变革及由此引发的生产关系变革，这些重大变革被总结归纳为几次重要的社会经济革命。我们认为，当下的"元宇宙+"也将因为生产力和生产关系的变革而引发一场划时代的超级数字经济革命，从而带来各个产业的深刻变革。

第四章

"元宇宙+"下的生产力变革

第四章 "元宇宙+"下的生产力变革

任何社会的基本框架都是由生产力和生产关系、经济基础和上层建筑构成的。生产力决定生产关系,经济基础决定上层建筑,而生产关系和上层建筑又分别反作用于生产力和经济基础。其中,最具有革命性和活跃性的要素是生产力,而掌握先进科技和管理方式的人,对生产力的提高起着核心作用。

第一节 科技推动社会生产力发展

18世纪,法国经济学家魁奈提出了生产力的概念。魁奈是重农学派的代表人物,他所说的生产力其实是指土地生产力。之后,英国经济学家亚当·斯密和大卫·李嘉图、法国经济学家萨伊和西斯蒙第、德国经济学家李斯特等均对生产力进行了一定的研究与论述。其中,亚当·斯密提出了"劳动生产力"概念,萨伊提出了"资本生产力"理论,李斯特对国家发展生产力的重要性以及如何提高国家的综合生产力等问题进行了论述。总体来说,古典经济学中的生产力概念还处在萌芽状态,古典经济学家仅仅是孤立地研究了个别生产力因素,而没有发现生产力与其他因素之间的内在关联。

之后,马克思、恩格斯在对前人成果理性辨析的基础上对生产力理论进行了丰富和拓展,也就是我们熟知的"生产力是人们生产和创造社会财富的一种能力,是人类在认识世界、改造世界过程中所积累的实践经验集合与创造性结果"的理论判断(当然,这一结论也是在马克思主义一步步走向成熟的过程中逐渐形成的)。马克思主义的生产力是指物质生产过程中人们与自然界的关系,是一个由多种要素构成的复杂系统,其基本要素包括劳动者、劳动资料和劳动对象。同时,马克思指出"生产力中也包含科学",科学技术本身便是一种生产力。改革开放以来,这一理论思想已经渗透到我国社会建设的各个方面。邓小平同志在 1988 年提出"科学技术是第一生产力",进一步强调了科学技术对社会发展的重大意义。近百年来,科技生产力已成为当下世界发展的主导力量,并即将迎来下一轮高速或充分发展阶段。

从农业革命到工业革命,再到信息革命和正在发生的元宇宙革命,各个阶段的生产力都在发生变化。或者说,正是生产力的发展和变革引起了人类社会的巨大变化。

一、新石器带来了农业革命

大约一万年前的农业革命时期,即所谓的新石器革命时期,人类的劳动工具从旧石器、中石器向新石器演变,生产力大大提升，人类从狩猎采集转向垦地种植，生存基础从游牧业逐渐转为畜牧业和农业，人类进入农耕时代，生产方式、生活方式及社会组织形态发生历史性变迁。

二、大机器生产带来了第一次工业革命

到了工业革命时期，18世纪之前西欧世界发生了前所未有的变化，尤其是政治、经济、文化、军事等方面的变化，包括人文主义思想的传播、新航路的开辟、中世纪教会统治体系的崩溃等为资本主义经济的发展铺平了道路。18世纪中期，在英国的资本主义生产中，大规模的机械生产代替手工生产，大机器生产开始取代工场手工业，生产力迅速提升。人类历史上把这一始于英国的巨大变革过程称为"第一次工业革命"。第一次工业革命带来了生产力的极大提升，它开创了机器生产时代，同时也引发了巨大的社会变革，最终确立了资产阶级对世界的统治地位。

三、电力的逐渐深入应用带来了第二次工业革命

19世纪中期，美国、日本、德国、英国等国家完成了资产阶级改革，从而推动了经济的发展。但直到19世纪60年代末，第二次工业革命才真正开始。德国西门子公司于1866年发明了世界上第一台大功率发电机；19世纪70年代，实际可用的发电

机问世。电力开始成为一种新能源，逐步取代蒸汽，从而进入生产领域。后来，电灯、电车、电影放映机相继问世，人们步入了"电气时代"。19世纪70年代至90年代，先后诞生了以煤气、汽油和柴油为燃料的内燃机，德国人卡尔·弗里特立奇·本茨等人成功研制出由内燃机驱动的汽车，内燃汽车、远洋轮船、飞机等也得到了迅速发展。内燃机的发明解决了交通工具的发动机问题，同时推动了石油开采和石化行业的发展。在同一时期，美国人贝尔发明了电话；意大利人马可尼成功试验了无线电报。电话、无线电报使得世界各国的经济、政治和文化的联系更加紧密。第二次工业革命极大地推动了生产力的发展，交通运输更加便利、快捷，人类活动范围不断扩大，交往与交流更加密切。

四、高科技带来了第三次工业革命

20世纪中期，由于社会发展的需要，尤其是第二次世界大战后各国对高科技的迫切需要，第三次工业革命爆发了。这是继蒸汽、电力等革命之后，人类文明发展的又一次伟大进步。第三次工业革命以原子能、电子计算机、空间技术和生物工程的发明和应用为主要标志，涉及信息技术、新能源技术、新材料技术、生物技术、空间技术和海洋技术等诸多领域。值得一提的是，从1980年开始，微型计算机迅速发展。电子计算机的广泛应用，促进了生产自动化、管理现代化、科技手段现代化和国防技术现代化，也推动了情报信息的自动化。以全球互联网络为标志的信息高速公路正在缩短人类交往的距离。

总体来说，18世纪中叶以来，人类先后经历了三次工业革命。第一次工业革命使人类进入了"蒸汽时代"，开始由农耕文明向工业文明过渡，是人类发展史上的一个伟大奇迹；第二次工业革命使人类开始步入"电气时代"，电力、钢铁、铁路、化工、汽车等重工业兴起，石油作为新的能源促进了交通业的快速发展，并拉近世界各国的距离，国家之间的交流更为频繁，世界逐渐发展成为一个全球化的国际政治、经济体系；第三次工业革命开创了"信息时代"，全球信息和资源交流变得更加快速，大多数国家和地区都参与到全球化进程中，人类文明的发达程度空前提高。

第二节 "元宇宙+"时代的生产力变革

当下，随着数字技术、人工智能等划时代传递价值的新技术快速发展，生产力必将进一步发生深刻变革，这将带来一场超级数字经济革命，人类也将随着这场革命进入数字文明时代。

一、劳动对象：从物质资料到数据资料

在农耕时代，土地是最重要的劳动对象；在工业时代，石油等资源、能源是最重要的劳动对象；而在数字时代，数据已经取代了石油、矿石、棉花、粮食等物质资料，成为新的社会生产形态中最重要的劳动对象。2020年，《中共中央国务院关于构建更加完善的要素市场化配置体制机制的意见》将数据与土地、劳动力、资本、技术等传统要素并列为要素之一，提出要加快培育数据要素市场。这也是人类历史上第一次将数据纳入生产要素范围。

从农耕时代到工业时代，劳动对象虽然发生了变化，但都属于物质资料，而到了数字时代，元宇宙作为基于数据构成的虚拟世界，拥有海量数据资料，而这些数据资料兼具物质和虚拟两种

形态,数据的存储需要物理空间和物理设备,但数据所承载的又是庞大的、无形的信息。数据经过加工、处理后,可以产生多种数据产品,实现数据的价值转化和流通。比如在元宇宙中,道路、景区、演唱会、比赛等对现实世界的各种场景模拟都可以体现出元宇宙中数据的价值。

二、生产工具:从机械系统到智能系统

在生产工具变革方面,元宇宙带来了从机械系统到智能系统的变革。智能系统的核心机制是大数据、云计算、人工智能、物联网、区块链等智能技术对生产工具进行颠覆性改造升级,通过智能化生产工具提高生产效率。农耕时代的生产依赖于"刀耕火种",后来逐渐出现一些简单的生产工具,如斧、锯、犁、锄、织布机、纺纱机等。在机器大工业时代,生产依赖于动力、能源、传输、控制等机器系统。进入信息时代,虽然机器生产方式没有发生根本性变化,但信息化和数字化的应用推动了数控机床、自动化生产办公等形式的创新发展,生产力进一步提升。随着大数据、人工智能等技术的广泛应用以及元宇宙革命的到来,传统生产工具全面升级为智能化生产工具,通过人工智能等数字技术向生产领域全面渗透,为生产力各要素、生产过程的各环节带来质的提升。

三、劳动力：从产业工人到数字劳工

随着劳动对象从物质资料变为数据资料，传统生产工具向智能化工具转变，在颠覆生产形态的同时也改变了人机之间的关系，从人创造生产力价值逐渐转变为由算力、人工智能等支撑机器，通过算力来创造价值。农耕时代，人作为机器和工具；大工业时代，人是机器的一部分；信息工业时代，人可以操控机器。这几个时代都是人使用工具或者操作机械的阶段。而在元宇宙时代，机器变得更加智能化，在某些方面甚至超越了人。

生产力的智能化就是在劳动生产领域中大量使用人工智能技术，在这个过程中可以在先前解放人的体能的基础上进一步解放人的智能，使人摆脱直接的物质生产劳动的束缚，转向更有创造性的领域。[①]"元宇宙+"时代的生产过程对从事简单机械操作的工人的依赖性逐渐减弱，大量的智能化运作取代了普通工人的工作，那些不被取代的岗位或者劳动者都是具备一定知识能力，能够从事数字产品生产、传播的数字劳工。例如，无人驾驶技术的提升可能导致传统司机数量的大幅减少；另外，随着各行业产品与服务的标准化发展，各大产品应用终端（大型商场、购物中

---

① 肖峰. 智能生产力与中国特色现代化强国之路 [J]. 中共宁波市委党校学报，2022，44（1）：5-12.

心、超市、社区底商)的基础服务人员数量也会锐减。而人类在获取标准化、模块化产品的情况下,对新颖、具有创意的内容将会更加感兴趣,内容创新者数量将快速增多。与用体力和智力,借助工具,改变劳动对象来生产产品的传统产业工人不同的是,数字劳工主要运用知识和智力,借助工具来获取数据、加工数据和使用数据,在这一过程中实现对数据信息的理解、数字的交流、数字内容的生产、数字工具的使用以及数据安全的维护。①

---

① 张源.新一轮科技革命如何影响社会生产力——基于马克思主义的视角[J].中央社会主义学院学报,2020(01):72-83.

第五章

"元宇宙+"改变生产关系

第五章 "元宇宙+"改变生产关系

前几次工业革命不仅推动了生产力的迅速发展，还带来了新的产业结构，以及社会关系上的重要变化：第一次工业革命导致工业无产阶级和资产阶级两大对立阶级的产生，并开始了城市化进程；第二次工业革命导致垄断组织产生，并与国家政权结合，自由资本主义过渡到垄断资本主义；第三次工业革命导致国家垄断资本主义强化，第三产业比重上升。此外，几次工业革命都对世界格局产生了巨大影响：第一次工业革命确立了资本主义对世界的统治地位；第二次工业革命导致资本主义世界体系和殖民体系的建立，世界成为一个密不可分的整体；第三次工业革命促进了全球经济格局的调整，世界各国经济联系更加密切，相互依存。而"元宇宙+"下的生产力变革也将推动生产关系发生一系列转变。

第一节 "元宇宙+"的生产关系特征

马克思主义认为，物质生产力是全部社会生活的物质前提，同生产力发展一定阶段相适应的生产关系的总和构成社会经济基础。

生产力与生产关系、经济基础与上层建筑相互作用、相互制约，决定着整个社会的发展进程。从农耕文明到工业文明，再到数字文明，生产力和生产关系在不断地发展和进步，生产力与生产关系的发展并不完全保持一致，两者相匹配会促进生产力的进一步发展，反之则会阻碍生产力的发展。通常来说，生产力的发展往往领先于生产关系的发展，因此，为了适应生产力的发展，人类必须对生产关系进行持续创新，元宇宙时代的生产力也需要元宇宙化生产关系与之相匹配。元宇宙化生产关系具备数据透明、社会诚信、机会均等等特征。

一、数据透明

元宇宙是基于数据构建的虚拟世界，拥有海量的数据。在产业生态中，建立公开、透明的数据与信息非常关键，非透明的信息可能会导致当权者的不作为，从而影响整个社会的公平。而缺乏公平则会产生"劣币驱逐良币"的现象，从而导致产能落后。公开、透明的数据所带来的公平是建立元宇宙化生产关系的根本属性，换句话说，谁能够在第一时间利用新技术建立一个有利于社会公平的生产关系，谁就有更大的空间去解放和发展新的生产力。"元宇宙+"的布局就是要在元宇宙中，推动数据的公开化和透明化，这样才能为整个社会元宇宙化转型打下坚实的基础。

二、社会诚信

社会诚信是建立元宇宙化生产关系的重要基础。稳定可靠的信用关系是元宇宙经济活动正常开展的前提和保证,如果缺少诚信机制,市场配置的资源将失去公平,难以实现社会经济的健康运行和产业转型升级。社会诚信是指整个社会都是一个可信的社会,政府、企事业单位、社会组织、公民等都是可信的。在过去的数字经济发展中,消费互联网起到了重要的推动作用,但其发展核心在于流量,而缺乏信用;对于未来元宇宙经济的发展,特别是产业元宇宙的发展来说,最重要的是信用,而非流量。因此,在"元宇宙+"的发展过程中要抓住机遇,建立一套连接各行业的社会数字信用体系,确保全社会诚信交易,从而为构建"良币驱逐劣币"的生产关系奠定基础。

三、机会均等

与工业化时期的层级化、职能化生产关系不同,元宇宙化生产关系中机会相对均等。首先,从社会发展的角度来看,人类经历了几千年的演变,已经逐步形成一个尊重个体的文明社会。数字技术推动了个体在元宇宙虚拟空间的身份对等性,在元宇宙中每个人都有一个或者多个虚拟化身,每个人都可以真实地做自己,可以完全按照自己的想法生活、社交,不再受制于现实的身份、种族等，人与人之间更为平等地交流、交往。同时，在元宇宙时代，工作机会均等，各类引擎和开发工具降低了人们的创作门槛，人人皆可自由地创作，个体自主性和创造性得到了极大的解放。

其次，从经济发展的角度来看，元宇宙中的经济活动属于数字经济范畴，相关创作均为数字内容创作，区块链等元宇宙相关数字技术可以构建自主、平等、可信的数字网络，最大限度地确保元宇宙经济活动参与方的对等性和公平性，同时，区块链的确权存证等也在很大程度上保障了元宇宙创作者的合法权益，最大限度地释放创作者的创造力，提高创作积极性，从而为整个经济生态创造最大化的价值。当每个人都可以平等地参与到经济生活中，个人的创造性就不再局限于传统工作岗位，而是可以发挥更多的价值，并释放出"智慧人口红利"。Roblox 元宇宙的 UGC 创作模式的出现，证明了机会均等是元宇宙化生产关系的重要组成因素。另外，区块链的智能合约技术降低了确权费用，并大幅降低了交易成本，使整个市场充满活力，越来越多的人拥有平等的市场机会，市场规模和深度也会成倍增长。

第二节 如何构建元宇宙化生产关系

一、利用区块链技术建立全社会信息透明的数字信用体系

区块链技术具有信息分布存储、难以伪造、不可篡改以及去中心化等特性,人们可以充分利用这些特性来建立信息透明的体制与机制,通过制定相关的奖励和惩罚制度,来保障产业生态中数据信息的公开和透明,以提高交易的公平性。

首先,构建可信的数字信用环境。在没有第三方担保的情况下,区块链可以利用P2P对等网络、分布式账本、共识机制、加密算法等多种技术,构建一种集体维护的、可信的数字信用环境。采用P2P对等网络技术建立一个去中心化的网络系统,将交易信息通过P2P网络广播到区块链上,然后由各个节点来记录交易,整个交易过程是公开、透明的。利用分布式账本的多点记账方法,由分散在各个地方的多个节点同时记录整个交易过程和全部交易信息。在没有任何担保或监督的情况下,利用共识机制在机器之间建立"信任"网络,用技术支持代替第三方机构背书来达成交易。同时,利用非对称加密、哈希函数等加密技术,

对用户身份信息、交易内容等信息进行加密，保障数据安全和用户隐私。

其次，利用区块链技术保证交易信息的可追溯性和不可篡改性。通过时间戳、分布式校验、默克尔树等技术，区块链可以为企业交易提供一个可信的数据认证平台，确保交易信息的真实、有效、可追溯、不可篡改。区块链是由多个区块相连接而成，每个区块的形成都有一个时间戳，根据时间顺序排列成链式区块，并利用时间戳技术对整个交易过程进行追溯。而分布式校验则基于智能合约中预设的交易信息标准、相关历史信息等，对交易双方提供的信息进行验证。同时，将真实、有效的交易信息以默克尔二叉树结构的形式存储在区块中，而区块链技术通过默克尔树可以对交易的真实性和有效性进行验证。

最后，利用区块链技术确保交易的自动执行。对违约者进行约束或者惩罚是社会信用运行的一个重要前提，传统的信用机制主要通过声誉或制度惩罚来惩罚违约方，而区块链则利用智能合约对违约行为进行约束，以消解违约行为。智能合约与传统纸质合约的区别在于，智能合约是通过计算机生成的，将交易双方的权利和义务、相关承诺等所有相关信息以代码的形式形成智能合约并记入区块链。智能合约可以实现可追溯、不可逆转和安全的交易，而无须第三方参与。通过定期检查自动机的状态，对每一份合约中包含的状态机、事务以及触发条件等进行详细分析，在符合触发条件的情况下，计算机启动执行程序，自动完成交易，整个过程无须人工干预，也不用担心违约者抵赖。例如在保险行业，如果把保单以及病历单等信息上链，当满足相关条件时，就会自动触发智能合约，开启自动扣款或者自动理赔功能，这样既可以减少人与人之间的矛盾纠纷，又能提高工作效率。

二、以信用为核心的数字资产助推"元宇宙+"快速发展

作为互联网的终极形态和沉浸式的虚拟空间，元宇宙的核心在于数字资产和数字身份的承载。在元宇宙的发展过程中，数字资产成为最具潜力的投资机会之一。数字货币交易平台 Coinbase 的日活跃用户数量自 2020 年以来开始迅速增长，在 2021 年达到接近 100 万的峰值。随着 Roblox 公司在美股的上市，以及元宇宙概念的兴起，基于区块链技术的数字资产确权及交易快速发展。截至 2022 年 1 月 6 日，全球加密数字藏品市场 OpenSea 的月活跃交易者最高达 36 万人，日成交额最高达 2.6 亿美元，凸显了数字资产交易市场的发展空间。

而发展元宇宙经济最关键的一点，就是要明确数字资产作为资产的客观性，在政策层面上确立数字资产的确权、定价、交易等模式，确保企业进入元宇宙数字虚拟空间的资产认可。在此基础上，引导企业在生产、流通、消费等环节进行元宇宙化创新，以充分发挥数字虚拟空间的价值。随着新冠肺炎疫情的暴发，越来越多的企业都意识到了数字化空间的重要性，许多公司都在鼓

励员工居家办公、远程办公，数字时代的这些生产方式将很快普及。传统产业全面进军元宇宙经济是数字经济转型的重要手段，而助力元宇宙赋能传统产业，大力发展"元宇宙+"将是实现数字经济快速发展的重要途径。"元宇宙+"是一种以信用为核心，构建新型生产关系的重要平台。需要加强政策引导，通过构建以区块链为基础的产业信用体系，合理规划和发展区域特色产业元宇宙，促进整体经济的转型与快速发展。

第六章

"元宇宙+"重塑产业版图

第六章 "元宇宙+"重塑产业版图

在"元宇宙+"时代,生产力和生产关系将发生深刻变革,一场超级数字经济革命随之而来,在这场数字经济革命浪潮之下,整个产业体系都将发生变化,甚至可以说,处于新的时代变化中,所有东西都值得重做一遍。

第一节 "元宇宙+制造业":数字孪生让生产更高效

随着数字孪生、增强现实、虚拟现实、人工智能等元宇宙底层技术不断发展,元宇宙赋予正在向智能化转型的传统制造业更多可能。元宇宙赋能制造业的核心是围绕研发、制造、销售、终端四个方向建立虚拟场景,对其在现实生产环境进行仿真模拟。通俗点讲,就相当于企业把自己打包搬进了虚拟世界,变成一座虚拟工厂,通过"数字孪生"打造的虚拟工厂或者虚拟3D工作台,可以在虚拟空间中创建一个现实模型,不仅能将现实世界1∶1复制进虚拟世界,还能实现与现实世界同步运转,无限接近真实,实现生产要素可视、可析、可验证以及智能化管理的元宇宙应用,大大减少实体运营维护成本,提高生产效率,降低生产成本。

一、优化设计生产流程

在建设元宇宙的过程中,数字孪生发挥了重要作用。数字孪生对关键设备进行仿真、建模、分析,再通过传感器实现虚实交融,实时反馈设备信息,既可以追溯数据,也可以准确定位故障点,还可以进行远程操控和诊断恢复。在人工智能、虚拟现实、云计算、区块链、数字孪生等新一代信息通信技术的帮助下,制造业企业可以在虚拟世界中对实体工业进行虚拟仿真映射,从而实现工业生产环节中的设备工艺和流程优化升级,达到降本增效、绿色低碳的目的,从工厂建设到产品生命全周期均可实现精益制造。

在元宇宙背景下,虚拟工厂会比实体工厂的建设更早,事先在虚拟空间中对工厂生产的各个环节,如生产布局、生产工艺、生产组织、物流运输等进行仿真模拟,最终得出最优结果,然后再进行实体工厂的建设,以降低最大化资源消耗。[1] 在产品生产制造之前,企业员工可以通过佩戴虚拟现实眼镜,在系统的引导下,对工厂车间生产流程进行模拟。

在生产经营流程中,通过对实物产品进行数字映射,并根据生产过程中产生的数据进行闭环反馈与优化,打造出一个数字化工艺解决方案,使得研发人员能够实时看到生产过程中的工序和工艺等制造信息,而制造工程师则可以随时了解产品研发过程中

---

[1] 参考自 https://view.inews.qq.com/a/20220119A04JHN00。

的研发图档、设计要求等信息。同时，企业生产人员也能够对生产设备的状态进行实时监测，确保产品达到品质标准，并对生产线、生产流程、工业产品进行改善和优化。另外，根据不同的订单配置，可以实时生成相应的最优工序，并以可视的形式向生产线的员工进行展示，工厂也能够实时接收生产过程中的变更信息，实现生产线可视化工艺的自动更新。

在售后维护方面，供应商通过增强现实和虚拟现实技术进入虚拟工厂，对存在的问题进行远程维修，或者指导现场的工人按照操作流程进行维护，从而大大提高了维修效率，节约维修成本。例如，宝马公司的员工佩戴智能眼镜，就可以看到相关作业的操作内容和方法的演示与提醒，员工只需按照操作指令完成相关作业即可，这种方式既节省了培训费用，又降低了操作的失误率。目前，英伟达公司已经利用自主研发的Omniverse平台进行产业融合，将现实世界的工业环境在元宇宙中进行复制重现。联想集团依托自身产品设计和制造过程中的虚实结合能力，利用数字孪生和仿真技术帮助企业建立"虚拟工厂"，在虚拟环境中进行测试与分析，并在此基础上对生产流程进行检验和优化，以保证实际生产的顺利进行。产品进入生产线后，利用数字孪生技术实现对关键设备的实时监控、识别，并及时调整设备的状态，对现有产品、运营和服务进行改进，这一系列数字孪生技术的应用，也让联想成为"智能制造元宇宙"领域的佼佼者。

二、远程协同制造成为新趋势

元宇宙时代，远程协同成为常态化模式，元宇宙把制造业企业的各个业务板块进行分解，整合所有社会资源进行组织协同，促使制造业企业分散在不同的组织和物理空间中。然而，产品的生产制造需要历经多个环节，往往需要上一个环节先完成设计并发送给下游，下一个环节才能开始新的设计，而且在不同设计软件中可能会出现数据交互的操作性问题。生产组织、生产环节和制造资源的分散化，导致必须把相关的生产制造资源集中到元宇宙网络平台上，只有这样，才能够让整个世界都成为企业的设计、研发和生产中心，从而实现从设计、研发到生产的协同一体化。制造企业也逐渐向以元宇宙为基础的供应商转型，在这种背景下，基于物联网、工业互联网、人工智能等技术，远程协同和远程制造将是今后制造业的必然趋势。

远程制造模式下，就像是工业 4.0 中提出的端到端的集成，在底层逻辑上进行大量的标准化、数字化、信息化，有统一的接口、算法、模型、软件，从而完成数据的转换与整合，形成加工指令，而利用网络可以将生产过程中的数据传输到各个层面，最终实现实时远程制造。[1] 例如，宝马虚拟工厂利用英伟达公司的 Omniverse 平台搭建了一个 1∶1 还原现实工厂的数字孪生场景，

---

[1] 李正海. 工业元宇宙白皮书（2022 年）[R/OL].

对汽车制造产业链的各个环节进行仿真模拟，全球范围内的工程师、设计师都可以通过数字孪生工厂进行合作，共同开展产品规划、设计、模拟等复杂精密的工作，提升现代化制造的速度和效率。

三、消费者与生产者的界限趋于模糊

传统的制造业中，生产是封闭化的，生产者与消费者之间是分割的，生产者对产品拥有绝对的主导权。可以预见，这种情况将会因元宇宙时代的到来而改变，消费者将更多地参与到产品开发和设计环节，可以影响商品生产过程。例如，海尔集团以"5G+工业互联网+大数据"为基础，自主研发使用户全流程参与的大规模定制平台卡奥斯，该平台以用户需求为核心，从产品设计之初就让用户参与进来，前联研发、后联用户，以工厂数万个传感器为基础，实现人员、设备、材料和产业之间的智能化交互，所产生的数据与研发中心和实验室互联，打通整个生态价值链，实现用户需求与制造体系的无缝对接。海尔还推出一款名为"云熙"的洗衣机，它是由很多用户参与设计的，上市当天就卖出20多万台，几乎是常规产品半年的销量。海尔集团首席执行官周云杰表示，卡奥斯上的产品不入库率已高达75%，消费者全流程参与的大规模定制占比达24%，合作客户参与的大规模定制占比达 51%，在大规模定制领域居世界领先地位。[①]

元宇宙赋能之下，用户对产品生产设计的参与度可能会进一步提升，宅在家中也能进行个性化定制。通过虚拟现实、增强现实等技术，用户可以在虚拟世界中远程参与产品设计和产品选择，从而提高对产品的满意程度。另外，在用户使用的过程中，企业员工通过 VR/AR 设备，可以实时查看操作流程，及时解决用户在使用过程中遇到的问题。

---

① 参考自 https://baijiahao.baidu.com/s?id=1667659310959557190&wfr=spider&for=pc。

第二节 "元宇宙+零售":虚拟与现实融合发展

零售是一种交易形式,是从实体或线上商场、专业市场、街头商店等场所直接将商品或服务出售给最终消费者的销售活动。"人、货、场"是零售的核心要素。元宇宙也从这三个核心要素的角度对零售业进行重塑。

一、人:虚拟偶像助力品牌传播

从"人"这个要素来看,元宇宙中的人除了用户的虚拟化身,还包括虚拟偶像等。随着元宇宙的不断发展,人工智能、计算机图形等技术不断成熟,虚拟与现实的边界正在慢慢淡化,虚拟人物或角色也从"二次元"中走了出来,活跃在演唱会、直播、游戏等场景中。与传统偶像不同的是,虚拟偶像的最大优势就是更倾向于以市场为导向进行人设搭建,从理论上来说,它更符合不同的商业场景。品牌或零售商能够赋予虚拟偶像更接近于品牌价值、更符合零售商核心受众的个性特征。吸睛的外表、精心策划的内容以及对消费者情绪价值的准确理解,使虚拟偶像能够持续吸引消费者，维持消费者黏性。此外，近两年娱乐行业和直播行业"翻车""塌房"事件频发，虚拟偶像或者虚拟代言人的可控性极大地降低了合作风险，同时也可以使零售商或品牌摆脱对头部主播的过度依赖。

随着商业价值被不断发掘，虚拟偶像带动周边产业的能力越来越强劲。艾媒数据显示，2020年，虚拟偶像带动产业规模为645.6亿元，2021年突破千亿元。①2021年10月31日，抖音平台上一个ID为"柳夜熙"的博主发布第一条视频，虚拟偶像"柳夜熙"正式宣布"出道"。该视频融合"元宇宙+虚拟偶像+美妆"的概念，并带动"挑战柳夜熙仿妆"话题收获2.4亿次播放量。截至目前，柳夜熙已经收获超过400万粉丝，近800万点赞。目前，已有美妆护肤、日化、食品等众多品牌与"柳夜熙"进行合作。"柳夜熙"并非第一位虚拟偶像，国内第一位现象级虚拟偶像"洛天依"早就让市场见识到了虚拟偶像的潜力。

近几年，各大品牌方及零售商纷纷推出虚拟形象代言人。例如，欧莱雅集团于2020年11月在中国国际进口博览会上推出全球首位品牌虚拟形象代言人——美即品牌的M姐，其形象极具中国风格，平易近人的性格定位、博学可靠的科研身份设定受到许多人的关注。M姐的人设是一位实验室观察员，通过社交平台将那些晦涩乏味的科技以更加生动有趣的方式分享给消费者，更

---

① 艾媒咨询.2021中国虚拟偶像行业发展及网民调查研究报告［R/OL］.

好地传达美即品牌的科技实力及 C-beauty 的理念，同时也可以更亲和地与 Z 世代消费者进行对话沟通。花西子也正式发布首个虚拟形象——"花西子"。除此之外，超写实数字人 AYAYI、国风虚拟偶像翎 –Ling、超写实数字女孩 Reddi 等虚拟人纷纷入驻小红书，虚拟人赛道变得如火如荼。

虚拟偶像、虚拟代言人以低成本突破平台对用户流量的禁锢，通过打造虚拟人物 IP，实现"内容＋产品＋渠道"的闭环私域，为零售行业发展带来新的思路。同时，引入这种具象化的视觉形象，可以更有效地与消费者沟通，也更符合当代内容消费习惯。

二、货：虚拟商品满足消费者个性化需求

从"货"这个要素来看，实物商品的最大机遇在于虚拟商品。元宇宙时代，消费对象不再只是现实中的消费者，也可以是人在元宇宙中的虚拟化身。未来，消费者可能为自己的虚拟化身在不同的场景中购买衣服、美妆、出行工具，甚至虚拟房产，虚实结合将为品牌商带来新的增长空间。①

目前，已经有一些品牌商开始考虑或者尝试在"元宇宙"中销售虚拟产品并提供相关服务。Gucci（古驰）发布了首款数

---

① 毕马威. 初探元宇宙［R/OL］.

字虚拟运动鞋 Gucci Virtual 25,这款运动鞋在虚拟社区独家销售,售价仅为 8.99 美元。消费者可以借助 AR 设备,对准自己的脚,就可以看到穿上这双鞋的样子。Gucci 还在元宇宙游戏平台 Roblox 上开设了 Gucci Garden 空间,并推出"The Gucci Garden Experience"艺术花园体验的虚拟活动,消费者可以在游戏平台购买限量版 Gucci 配饰用来打扮虚拟形象。在花园体验虚拟活动期间,Gucci 发布了几款限时购买的产品,平台用户可以在一小时内选择购买自己想要的产品,产品定价为 475 Robux。而且在转卖的过程中,每件商品的价值都在上涨,最后甚至超过了实物商品的价格。比如,原价 2 000 欧元的 Dionysus 手袋最终以 4 321 欧元的价格成交,远超商品原价。Vans(范斯)则在 Roblox 平台打造了一个滑板公园,用户可以在玩游戏时购买 Vans 提供的虚拟商品。Ralph Lauren(拉夫劳伦)在 Roblox 推出数字时装系列,提供"冬季逃生"体验,玩家可以享受滑冰等活动,同时购买设计师款复古运动服。Balenciaga(巴黎世家)在"Tennis Clash"游戏中上架了 4 款为该游戏独家定制的网球运动系列,供游戏玩家购买。

这种绕过供应链管理,直接把商品出售给用户的数字分身(虚拟人)的新兴零售模式被称为 D2A(Direct-to-Avatar)零售模式。D2A 为元宇宙中的下一个零售时代指明了道路,上文提到的品牌在游戏世界中售卖虚拟产品就是非常典型的 D2A 零售模式。随着区块链技术的成熟,虚拟商品有望成为独一无二的藏品，消费者更愿意为产品支付溢价，虚拟产品和服务也有更大的发展空间。尽管现在离真正的元宇宙世界还有很长一段距离，但想要在市场上快速取得优势，必须时刻关注消费需求的变化，并加速推动新技术与零售、购物的融合发展。

三、场：不断升级线上、线下零售的虚拟体验

从"场"这个要素来看，在元宇宙时代，线上商城和线下卖场可能会加速演变，为消费者提供全新的购物场景。元宇宙可以提升用户体验，未来，元宇宙线上购物将不再是对着二维屏幕滑动鼠标，而是会带来更加沉浸式的体验，让用户身临其境般享受购物的感觉。比如，通过虚拟试穿提升网购体验，消费者可以先在线上试穿虚拟的衣服，付款后再送货到真实世界的地址。目前，随着增强现实等技术的不断完善，线上试穿也逐步走进大众视野，虚拟试穿已经有相对成熟的实践案例。例如，美国零售品牌GAP（盖璞），基于"元宇宙"推出虚拟试穿功能，利用3D虚拟形象来帮助用户选择适合自己的服饰，并根据用户的身材和喜好去寻找合适的服装尺码和款式，从而提高用户的线上购物满意度和体验感。得物App推出了AR虚拟试穿功能，用户可以在线试穿球鞋，并可以360度全方位观看球鞋外观。在试穿过程中，页面只需要5秒钟的时间就能完成颜色、款式的切换，不会出现丢失或卡顿的情况，使用户的使用体验流畅且真实。另外，虚拟

试穿具有强大的足部追踪功能，可以根据足部的不同角度、移动、转动等自动调整，以实现真实的在线试穿效果。

而线下卖场、商业综合体等空间的虚拟体验也会进一步升级。元宇宙概念的出现使得越来越多的商业地产巨头开始积极探索商业空间元宇宙，并且已经达到了超预期的转化效果。元宇宙作为虚拟世界和现实世界的连接，为零售行业开辟了一条以空间为基础的营销新渠道，在人工智能、增强现实等技术的创新和驱动下，未来商业地产空间场景不再局限于现实场景，而是实现虚拟场景与现实场景的交融。

元宇宙通过创造虚实融合的空间以及交互方式，推动营销内容与空间实景跨次元连接，激发用户的好奇心，助力品牌营销效能。2021年国庆前夕，商汤科技联合越秀集团打造的广州商圈首个大型AR实景应用AR Show冰雪奇境在悦汇城上线，依托商汤科技SenseMARS火星混合现实平台，AR Show为到场顾客提供了一场现实与虚拟相互交融的元宇宙购物体验，助力广州悦汇城全场销售额同比增长196%。2021年9月，北京西单大悦城借助"5G+华为河图"技术，上线了AR智能导购黑科技，并打造了超现实的大空间AR景观、便捷沉浸式的AR导航、虚拟IP互动游戏等服务，让顾客体验到4K直播、AR/VR场景化购物服务，增强新型消费体验。同年9月，万达广场首个第四代项目深圳龙岗万达广场开业，正式拉开商业空间元宇宙的序幕。该广场从场景、内容、科技三个方面入手，运用BIM（建筑信息模型技术）及 3D 点云扫描技术，打造万达广场的数字孪生体，构建一个与实体广场相对应的"平行世界"，打造数字化虚拟现实体验。这个数字化虚拟场景打破了现实场景的边界，成功打造了商业空间元宇宙。

第三节 "元宇宙+游戏"：丰富玩家沉浸式体验

游戏是元宇宙的雏形，是人类通过对现实的模拟和延伸，以及天马行空的想象而构建的虚拟世界，而随着底层基础技术和硬件的不断完善，游戏的概念也逐渐由单机电子游戏向大型多人、实时在线、开放世界发展，其产品形态也与元宇宙相似。Roblox提出了元宇宙的八大要素：身份、社交、沉浸感、低延迟、多样性、随时随地、经济系统、文明。目前，游戏已经能够实现身份、社交、沉浸感、多样性、随时随地、经济系统这六个要素。一些大型人机交互在线游戏构建了一个让用户在其中交流和娱乐的虚拟世界，有一些游戏在此基础上还开发出了类似于现实世界中的社会秩序，游戏已然成为元宇宙应用的一个突破口。在元宇宙的加持下，游戏生态不断完善，内容趋向多元化，同时也为玩家带来了全新的互动体验。

一、推动游戏转向元宇宙基础设施平台

元宇宙的到来，将使游戏行业迎来一个重大转变：从游戏即

服务（Games as a Service）到游戏即平台（Games as a Platform）。①近年来，游戏功能持续更新和完善，游戏行业快速发展，并成为相较于其他娱乐行业更庞大的业务板块，尤其是对于年轻群体来说，游戏已经成为主流文化。元宇宙赋能下，非游戏体验被整合其中，技术、消费者与游戏互动方式共同成为游戏的驱动力。这种演化使得游戏发展成为一种平台，以便于多个利益相关者在其核心产品之外创造和获取价值。②元宇宙游戏开始向生活、社会方向拓展，依托游戏平台，通过举办毕业典礼、虚拟演唱会、虚拟时装秀等各类非游戏的体验活动，一方面为游戏玩家带来全新的交互体验，另一方面通过举办游戏体验之外的活动得到新的收入机会，吸引对游戏不感兴趣的非游戏玩家进入平台。

同时，玩家也可在游戏平台中进行社交活动，或者创造自己独特的游戏方式和游戏内容。比如特拉维斯·斯科特在《堡垒之夜》举办了 ASTRONOMICAL 全球虚拟演唱会，成为第一个在游戏里举办巡演的歌手，演唱会总共吸引全球 2 亿玩家，实时在线人数高达 1 230 万，共获得 4 580 万次的观看量。③这样的虚拟演唱会不仅可以让玩家如同置身现实演唱会一般听到美妙的歌声，还增强了演唱会的互动性、趣味性。同时，"游戏化"也增强了玩家的参与感，为虚拟演唱会制造了更好的沉浸感。中国传

---

① 陈溢波，吴可仲. 元宇宙改造游戏生态：利益将向用户倾斜 [N]. 中国经营报，2022-01-03（D6）.
② Newzoo，伽马数据 .2021 年元宇宙全球发展报告 [R/OL].
③ 参考自 http://news.hexun.com/2021-11-15/2047505 51.html.

媒大学动画与艺术学院在 3D 沙盒游戏《我的世界》里，一比一地复刻了其校园场景，几百位学生聚集在虚拟校园里，举行毕业典礼、走红毯、发表讲话、领取学士服等。此外，任天堂游戏《动物森友会》中还举行了一次顶级人工智能学术会议 ACAI（自动控制和人工智能国际会议），参会人员在游戏中播放 PPT 并发表演讲。

二、创新商业模式，构建闭环经济系统

传统游戏中，游戏公司占主导地位，可以自由发布游戏道具、角色皮肤，改变游戏规则，并且可能在一定程度上损害玩家利益，比如虚拟交易中的盗窃风险，虚拟商品和虚拟资产的安全性无法得到保障。同时，玩家只能进行内部交易，很难通过参与游戏创造价值和共享收益。元宇宙游戏将打破自上而下的游戏模式，创建扁平的生态关系，使不同平台开发的游戏之间可以互联互通，玩家的数字资产也不再局限在某一个游戏内，不会形成"经济孤岛"。另外，区块链技术可将媒体、游戏监管部门等外部监管力量导入区块链节点中，促使第三方能够监督、监测游戏中的交易数据，以创建一个公平、健康的游戏环境。

元宇宙还将引起游戏商业模式变革。元宇宙开放的经济和虚拟商品价值的增加将促进"玩赚模式"（Play to Earn）发展，收益不再由游戏开发商和运营商垄断，用户与开发者均可获得收益。

"玩赚模式"下,游戏开发者和玩家相互转化,形成闭环,用户可使用游戏平台虚拟货币购买游戏装备、皮肤等物品装扮虚拟人物形象,同时也可以作为开发者交易自己创作的虚拟产品,获取虚拟货币。玩家和开发者的积极性得到充分调动,不断驱动高质量游戏内容生产。以 Roblox 为例,目前 Roblox 已经形成以虚拟货币 Robux 为核心的商业体系,玩家可以使用虚拟货币 Robux 来购买特定游戏功能,并在 Avatar Marketplace(虚拟化身市场)或 Avatar Shop(虚拟化身商店)中购买虚拟化身的服装、装备、手势、表情以及其他配件等物品,对人物进行装扮。玩家可以直接充值现金购买 Robux 或者付费订阅成为会员。目前,Roblox 的主要收入都来自 Robux 充值。近四分之一的充值收入将成为创作者的收益,这也激发了用户从普通玩家转变成创作者的积极性。开发者通过会员时长奖励、出售游戏和人物装备等方式赚取 Robux,在符合平台资质的条件下,可以以 1 Robux 兑换 0.0035 美元。如果不提现,开发者可以再投资 Robux 进行内部广告宣传,也可以转化为用户身份使用 Robux。

图 6-1　Roblox 经济系统运行示意图

此外,元宇宙将在游戏内部和外部开辟更多商机。在元宇宙中，未来游戏行业可能出现通过付费参加虚拟音乐会、讲座或其他非游戏活动，以及在游戏外出售、交易 NFT 或者持久性数字物品等新的商业模式。

三、打破平台边界，加速跨平台游戏发展

由于不同平台的差异性，传统游戏制约了开发者生态及用户的游戏体验，随着游戏社群属性的不断增强，玩家社交需求日益提升，数据互通、跨平台交互越发成为众多玩家的诉求。当前，跨平台游戏发展初具规模。伽马数据显示，2021 年，中国跨平台游戏市场规模超 700 亿元，市场潜在拓展空间大。所谓的跨平台游戏是指可以在不同平台运行的同一款游戏，跨平台游戏可能涉及的平台通常包括移动端、PC 端、主机 / 掌机端等终端，以及移动游戏、客户端游戏、网页游戏、主机 / 掌机游戏、单机游戏、云游戏等基于各终端发展的细分平台。①

作为元宇宙生态打破平台边界的雏形，跨平台游戏已经具备较为完善的技术支持和运营经验，5G 技术、引擎开发技术等为跨平台游戏提供良好的技术支撑。比如，游戏引擎 Unity 依托自有实时渲染工具、联网游戏服务、DevOps 开发工具、云端流式传输工具等成熟的引擎技术，为游戏厂商提供一站式跨端解决方

---

① 伽马数据 . 2021 中国游戏创新品类发展报告——跨平台游戏 [R/OL].

案，助力开发者实现"一次开发、多平台发布"，满足用户不同层面的娱乐需求。另外，跨平台游戏使得游戏内容本身不受硬件设备的限制，不同平台的游戏内容可能存在部分差异，但仍然是基于同一款游戏的玩法体系、世界观构架研发。以《原神》为例，移动端和客户端账号数据互通，用户可以根据自己的需求选择登录画质更优良、操作更流畅的端游或登录便携性更强的手游，游戏体验不再受到硬件设备的制约，游戏平台也能吸引更广泛的受众群体。

平台边界可能会阻碍用户体验各类优质游戏产品，跨平台游戏在现有平台生态环境下，致力于帮助不同平台用户体验到相似的游戏内容。元宇宙则为所有用户提供了一种连贯的游戏体验，彻底消除了不同平台之间的壁垒和障碍。基于跨信源搜索的元搜索引擎，既可以满足多端游戏的需要，又可以支持用户在设备中搜索来自不同元宇宙的任意一款游戏，并且可以将用户数据进行迁移和串联，打通社交壁垒，体验元宇宙游戏带来的社交快感。在元宇宙加持下，游戏不仅可以打破终端平台界限，更有可能打破空间界限，拉近全球用户的社交距离。

第四节 "元宇宙 + 社交"：打造沉浸式社交网络

元宇宙社交的基本逻辑是构建一个基于用户兴趣图谱且与用户现有社交关系相对独立的社交元宇宙，建立一个平行世界的社交网络空间，让用户可以更自由、酣畅地交流。元宇宙社交不再在物理位置"附近"，不再以"添加微信"为目标，也不再是线下社交关系的映射，它会要求用户以真实的姿态去面对社交环境。

一、推动基于兴趣爱好的社交关系发展

互联网及数字技术的连接使得人们的社交圈不断扩大，QQ、微信等即时社交软件快速向互联网用户渗透，使得亲缘关系、邻里关系等熟人社交迅速发展。但是全民社交应用的广泛普及也带来新的问题，线上、线下好友之间的投射关系会导致一种被别人窥探的不安感觉。也正因此，微信的大量年轻用户选择了朋友圈三天可见、一个月可见甚至关闭朋友圈。随着Z世代逐渐成为互联网主流用户，互联网原住民与生俱来的孤独感，在网络社群对

熟人社会的挤压与日常生活重组之下，形成了对人际低欲望和边界感的独特社交需求。① 另外，Z世代互联网原住民的社交又通常建立在兴趣之上，不再局限于熟人之间，他们更希望找到志趣相投的人。而元宇宙的出现，为以兴趣、爱好、圈层为核心的人际关系提供了新的发展空间。

随着元宇宙的不断发展，人们在工作、生活方式的选择上更加自主化，娱乐方式更加多样化，精神也更加自由。元宇宙社交中所有体验将围绕用户的虚拟身份展开，线上"第二身份"的构建将推动基于兴趣爱好的社交关系发展。在元宇宙世界里，所有人都会拥有一个虚拟的身份——虚拟化身，在元宇宙的一切活动都通过虚拟化身完成，正如PC、移动互联网时代，人们需要有ID、社交头像等抽象的数字身份作为网络通行证一样，而更加具体、更能体现个性化身份的虚拟化身被认为最有可能是元宇宙中的通行证和重要的数字资产。虚拟化身的塑造将更具自由度和创造性，不仅能够体现五官、情绪、表情、手势、姿态的变化，实现更自然、更真实的交互，还能够满足人们对更美好的"另一个自己"的想象。你可以设计自己在元宇宙中的虚拟形象，比如选择不同的发型、脸型、五官等。这也是"元宇宙第一股"Roblox将"身份"作为元宇宙八要素之一写进招股书的原因。

在Meta的Horizon平台中，玩家可以创造一个只有上半身的

---

① 华泰证券.元宇宙引领游戏、社交、电商应用变革[R/OL].

虚拟化身，该化身可以识别手势和表情，变得更加"人性化"。虚拟化身可以通过一个叫作"Telepods"的传送门去往不同的虚拟空间，与现实生活中的朋友或在平台中认识的新朋友一起参加聚会、娱乐等活动。Z 世代热衷的元宇宙平台 Zepeto 为用户提供了一种基于真人形象制作的虚拟形象服务，用户不仅可以创造自己的虚拟形象并拍摄照片及视频，还能够在不同场景和别人互动、聊天，Zepeto 可以说是 Z 世代的电子游乐园。率先在行业提出构建社交元宇宙的 Soul 也一直在为用户提供虚拟化身的深度服务。新用户在进入该平台后，需要使用捏脸功能为自己塑造一个新的虚拟形象。通过个性的虚拟形象和基于兴趣图谱而形成的用户画像，Soul 可以为用户提供优质的连接。

以虚拟身份进行社交，既能满足 Z 世代对陌生人社交的需要，又能减少"唯外貌论""唯颜值论"的社交模式，从而消除物理距离、相貌、衣着、贫富差距等社交障碍，建立起一种以个人兴趣和三观为基础的无压力社交模式，同时也为用户提供更自由的交流空间。

二、多元虚拟场景打造沉浸式社交体验

目前的互联网在线社交主要以手机为载体，通过互联网实现人与人之间的交流。相比于传统的线下社交，在线社交拥有多元化的交流方式，比如文字、图片、语音、视频等，交友也更广

泛、安全和便捷，能够为不爱社交的人和渴望社交的人提供一个良好的交友平台，比如 QQ、微信、微博等 App。与元宇宙社交相比，在线社交虽然打破了时空限制，但由于受到手机屏幕的阻隔，其社交过程缺乏传统线下社交的真实性与趣味性。而元宇宙社交则融合了在线社交和传统线下社交的优点，借助全息投影、虚拟现实等技术，实现对社交场景的真实还原，极大地提升用户的使用体验，增强用户黏性。

一方面，在元宇宙社交中，虚拟形象的构建会使得以往在线社交传播环节中缺失的"身体"重新"在场"。[①] 在虚拟现实、增强现实等沉浸式影像技术的加持下，人物虚拟形象的非语言符号如神态、动作等得以呈现，激发了具身传播，完成"面对面"互动体验。Soul 上线"脸基尼"AR 功能，该功能通过开发定制的 avatar 头套，让用户可以选择自己的脸基尼形象，然后在挡脸的情况下出镜与匹配者交流。在聊天的时候，如果用户被系统捕捉到了笑容，那么匹配者对用户的好感度就会提升，从而增强了用户在虚拟世界聊天时的沉浸感。

另一方面，人与人之间的沟通也不再局限于文字、图像、语音、视频，而是逐渐扩展到逛街、购物、看演唱会、玩游戏等活动，将社交元宇宙与日常生活场景相结合，通过构建多种虚拟场景渲染沉浸式社交氛围，为用户提供身临其境的沉浸式社交体

[①] 参考自 https://mp.weixin.qq.com/s/O3djhUnQ 4up0ilWSF7Fnmw。

验,让用户在平台上可以享受更多过往只有线下方可拥有的体验。比如,字节跳动"派对岛"App线上的音乐派对功能,允许用户通过虚拟化身参加音乐会,用户不仅可以欣赏派对上实时播放的音乐,还可以和其他用户进行交谈。再比如,虚拟社交平台Zepeto通过多场景探索,为用户提供多元化生态环境。Zepeto首先通过偶像来引流,与各大经纪公司合作,推出了众多人气偶像组合的虚拟形象,包括BLACKPINK、TWICE等,并举办了虚拟粉丝见面会。同时,与Gucci、Dior、耐克、北面等品牌合作开设虚拟店铺的BGF Retail也在Zepeto相继开设了汉江公园店和2号店;现代汽车公司还在Zepeto举行了索塔纳N系列试乘仪式。

多元化虚拟场景构建,让用户体验到仿佛置身真实世界的购物、逛街等生活场景;逼真、沉浸式的虚拟场景不仅避免了单一的语聊场景给用户带来的视觉疲劳,还能缓解用户之间刚开始沟通时的沉闷、尴尬气氛。

三、从构建社交空间向构建社交生态转变

元宇宙的核心在于经济体系的构建,未来的元宇宙不仅仅是一个为用户提供娱乐和体验的空间,也会成为一个创造价值、实现价值、共享价值的平台,而社交元宇宙作为其重要组成部分,也将催生众多商业模式,推动社交产业链的商业化价值得到更大

的提升。

在社交元宇宙中，用户基于元宇宙的 UGC 属性，打造"创造者经济"模式，扩展自己的虚拟空间，并通过创造和出售原创物品赚取收入，甚至还可以通过开发虚拟房产、创造数字艺术品来进行交易和买卖，从而构建一整套完整的虚拟经济体系。比如，社交平台 Zepeto 拥有强大的用户创作工具和丰富的 UGC 创作内容，在这里，用户不仅可以发布并出售自己创作的作品，创造不同主题的房间，还可以制作一些热门视频以吸引更多粉丝。Soul 也积极推动虚拟生态共创，鼓励用户将自己设计的虚拟头像上传至商城供其他用户购买使用，这样既可以让用户享受个性化、多样化的虚拟头像产品，又能够让用户在虚拟世界中拥有装饰虚拟形象、增加与其他用户的匹配次数、赠送虚拟礼物等各种服务。同时，这也意味着 Soul 也会像 Roblox 那样，通过共建、开放的方式，不断丰富自身的元宇宙生态。

第五节 "元宇宙+教育"：重塑未来教育方式

2020年新冠肺炎疫情对全球教育行业造成严重冲击，线下教学受到严重影响。疫情刺激下，线上教学模式得到了普及和发展，MOOC（大规模在线开放课程）等在线教育平台成为疫情期间保障"停课不停学"的重要工具。线上教学模式逐渐成为教育领域的关注重点，也为元宇宙在教育领域的应用拉开序幕。元宇宙可为教师、学生、管理者等相关人员创建数字身份，在虚拟世界中拓展正式与非正式教学场所，并允许师生在虚拟教学场所进行互动，通过网络教学空间营造一个新的虚拟教育世界，满足教师和学生在物理和虚拟世界的教育需求。[1]

一、数字化技术，营造智能教学环境

马克·扎克伯格表示，元宇宙的到来将重塑未来的教育方式，而虚拟现实、增强现实等技术将会是打造"元宇宙+教育"

---

[1] 鲁力立, 许鑫. 从"混合"到"混沌"：元宇宙视角下的未来教学模式探讨——以华东师范大学云展厅策展课程为例[J]. 图书馆论坛, 2022, 42（1）: 53-61.

的强大工具。虽然目前元宇宙还处于启动期，距离真正实现还有很长的时间，但以虚拟现实技术为核心的元宇宙互动实验室、元宇宙互动思政教室、元宇宙互动平台等相关教育产品已初见雏形，利用数字孪生技术打造的数字校园、数字仿真教学也在实践应用中。元宇宙对教育行业的赋能，将推动教学场景和教学环境的重大变革，通过虚拟现实、增强现实、混合现实等技术实现虚拟与现实深度融合，营造更加沉浸式、逼真的教学环境。

元宇宙赋能下，教师可以提前预设或者选择教学情境，师生通过佩戴 VR 头盔、眼镜，使用手柄等交互设备进入预设的教学情境中，开展教学活动；还可以根据不同学科，利用全息投影、全景直播等技术手段远程连接红色景点、工厂车间、实验室、博物馆等场所，开展以实地实景的实时可视化为基础的在线教学和课堂互动；还可以为学生创造逼真的社会、文化环境，打破时空限制，让学生亲身体验各个时代、各个地区的人文、历史、地理环境，在近乎真实的情境中深入学习。比如学习历史时，学生不必对着文物或者枯燥的史书，在元宇宙里可以直接"穿越"到那个时代，亲眼看看秦朝时期长城的建造过程，看看为汉匈两地和平与融合做出杰出贡献的昭君出塞，走上唐朝长安城的街头去见证东西市的热闹，抑或是来到北宋都城汴京体验《清明上河图》中描绘的繁荣景象。

二、游戏化学习,推动教育寓教于乐

游戏与元宇宙密不可分,游戏作为元宇宙的初级形态,与元宇宙具有一定的相似性,游戏化学习是元宇宙赋能教育的重要场景。所谓游戏化学习是一种借助虚拟现实、增强现实、混合现实、人工智能、脑机接口等技术,以学习为终极目标,以沉浸式游戏为主要手段,将知识、娱乐融为一体,实现真正意义上的寓教于乐的学习方式。[①]

在教育元宇宙中利用游戏化学习方式更能让用户对学习产生兴趣。用户可以借助 VR 终端,进入游戏,根据自身需求选择自己喜爱的游戏角色、场景、主线等,通过各种方法来完成既定的学习目标和任务。此外,用户也可以按照教学需要,即兴创作、分享互动小游戏,布置活动场地,还可以根据个人喜好,把教学场所布置成教室以外的情景,比如咖啡厅、地铁站等,使课堂更生动、更有趣。韩国江原大学在 2020 年通过元宇宙平台 Zepeto 举行了新生入学教育,新生可以通过 Zepeto 平台进入虚拟校园,向高年级学生了解学校情况并解决各种入学问题。同时,学校还利用网络小游戏来培养学生之间的团体合作能力。虚拟校园是根据校园实际场景设计的,学生在游览校园、完成各类学习任务的同时,还可以随时与同级学生或高年级学生进行互动,从而有效

---

① 钟正,王俊,吴砥,朱莎,靳帅贞.教育元宇宙的应用潜力与典型场景探析[J]. 开放教育研究,2022,28(1):17–23.

缓解了学生由于疫情不能进入校园而产生的消极情绪。

三、开放化资源，促进社会教育公平

元宇宙作为允许用户自由进入和编辑的开放性平台，可以提供丰富、多样化、个性化的教育资源，促进教育资源的共建共享。教育元宇宙的构建，并非由单一的企业或机构完成，而是由学习者、教师、学校、政府、企业等多方共同参与。

此外，元宇宙提供的万物互联与智能开放环境，能够解决当前教育资源区域差异、城乡分布不均衡等问题，从而实现教育资源的高效流通，优化教育资源的配置方式。各级各类教育、地区、学校之间都可以充分利用优质的教育资源，各类学生均可享受到这些资源，从而实现教育资源的有效、公平配置。例如，以英语学习为主的虚拟学习社区 Hodoo Labs，将 300 多个人物和超过 4 300 种情景移植到虚拟现实场景的英语会话中，用户可以在 5 个大陆和 30 余个虚构的村落中游历，从而提高英语水平。而在虚拟学习社区 Sloodle 中，开发者和学习者都可以参与社区建设，并通过社区的交互来建立自己的社区意识；同时，每个用户还可以参加 Sloodle 上举办的定期会议和讨论等。

未来，随着元宇宙的成熟发展以及在教育领域的深入应用，元宇宙必将重塑教育的方式。元宇宙不仅可以满足多人沉浸式学习体验，还可以使教育工作者和培训工作者能够更好地利用沉浸式体验设备为学习者提供更加有趣的教育或技能培训。同时，元宇宙也在更大程度上促进教育资源的开放化、多元化发展，极大地推动社会教育公平。

第六节 "元宇宙+办公":提高工作效率

随着元宇宙的概念开始进入大众视野,我们的生活和工作方式正在发生巨大变化,虚拟世界中的远程办公与协作将变得越来越普及。元宇宙虚拟办公是指企业通过虚拟现实方式让员工在线"面对面"交谈、互动,以提高团队效率。与其他 VR 办公应用不同的是,元宇宙虚拟办公更强调"无感"。哪怕用户佩戴 VR 头显或者眼镜和千里之外的人协同工作,也不会有任何不舒服的感觉,跟面对面交流没有任何区别。

一、提高工作效率,推动管理模式更高效

新冠肺炎疫情的暴发使数字化办公成为更多企业的选择,数字化办公市场渗透率快速提高。根据调研机构 Market Insights 测算,在疫情影响下,2020 年全球智能办公市场规模达到 335 亿美元,全球智能办公人数达到 7.4 亿。根据中国互联网络信息中心数据,2020 年 12 月,我国远程办公用户规模达 3.46 亿人,较

2020年6月增长1.47亿人,占网民整体的34.9%。①在疫情的影响下,越来越多企业开启居家远程办公模式,但当员工处于不被监督和自由的状态时,管理者无法及时了解员工的工作状态和工作效率,不了解员工到底是在工作还是在"摸鱼"。部分企业可能会通过视频会议的方式进行工作协同沟通及员工监督,被全家围观办公、穿着睡衣开视频会议等现象已经成为居家工作常态,也有不少网友纷纷晒出自己的"新"工位,调侃工位与床的距离只有一厘米。而元宇宙办公则避免了这种尴尬。在元宇宙虚拟办公空间,每个人都有固定的工位,元宇宙中的虚拟化身能让员工彼此感觉处在同一个空间中,改善当前在线远程办公的痛点,有助于提高团队凝聚力和工作效率。办公时无须打开摄像头,登录打卡确保每个人都能准时上班;在保证协同效率的前提下,充分考虑到员工的使用情况和个人隐私,当员工需要离开工位时,可点击"暂时离开",这样的话,同事和管理者都可以看见他的当前状态,既避免无效沟通,又推动管理更加高效。

二、还原线下办公场景,打造沉浸式工作体验

与Zoom、钉钉、腾讯会议等以视频为基础,互动仅限于演讲、共享屏幕、聊天的在线办公软件相比,元宇宙则完全是用虚

---

① 华泰证券. 元宇宙如何成为下一代生产力工具? [R/OL].

拟的三维现实和空间音频取代了视频，用户不再呈现出屏幕上的真人面孔，而是使用元宇宙世界的虚拟化身形象，是实时的、可追踪的、动态的呈现，通过动作追踪技术可实现虚拟化身与现实用户动作保持同步。同时，用户可以以虚拟化身的视角在虚拟办公空间中自由活动，进行对话和互动，这种沉浸式的交流方式可以最大化实现面对面的沟通效果，弥补当前远程会议在临场感、沉浸感等方面的短板。

微软着手打造的"企业版元宇宙"Mash for Teams，不仅能让员工以虚拟形象开会、聊天，甚至还可以在里面做PPT。当员工说话时，他的虚拟形象就会产生生动的表情和手势变化，让员工更有临场体验感，更像是在线下面对面聊天。[1]2021年8月19日，Facebook推出的Horizon Workrooms中，员工可以使用头像创建系统（基于Horizon虚拟游戏平台构建）在3D动画工作空间中创建卡通人物形象，通过佩戴VR设备实现在虚拟会议中与同事交流。Workrooms可以连接真实世界与虚拟空间，为了让虚拟会议室更加逼真，Workrooms支持头部和手势跟踪，在使用过程中，用户可以在虚拟会议室看到自己的"双手"动作，当用户转身看向同事或者房间里的白板，他的视线也会跟着移动，在虚拟会议室中用手所做的一切都可以被跟踪和再现。此外，Workrooms还加入了键盘追踪功能，可以让用户看见可显示工作

---

[1] 参考自 https://mp.weixin.qq.com/s/QxuGfuZu6CGoEBPWwNxFGg。

文件内容的虚拟桌面，以及虚拟键盘等操作界面。另外，用户也能在虚拟会议室内观看会议简报内容，如同现实世界中在会议室参与讨论。

另外，现实世界的办公空间一旦装修完毕，便难以变动或者需要很大的变动成本，而虚拟办公室可以根据工作性质随时进行调整，用户可以根据自己的时间、心情，以及天气，自由地改变工作环境，随意改变办公室的主题和布局，创造一个可以让自己专心工作的虚拟空间。比如，用户可以把办公室设立在清幽雅致的小木屋里、高楼林立的大厦里，甚至是可以眺望大海的度假村里。同时，元宇宙虚拟办公可以对传统线上办公刻板的打卡、视频会议进行颠覆，在虚拟办公空间中可以仿照现实世界的办公空间构建茶水间、休息室、餐厅等休息、休闲空间，让员工在工作之余，可以适度休息、放松。比如，当员工开始茶歇、吃饭，员工的虚拟形象会从办公室移动到茶水间、餐厅，员工之间可以了解彼此的工作状态，可以放松聊天、社交，真正还原线下办公场景。韩国游戏企业Com2uS集团近期宣布，将公司整体搬上元宇宙，建立一个真实的而非游戏中的元宇宙公司大楼。届时，公司全体员工将在元宇宙办公室内享有独特的工位，不必再到实体办公室上班。在虚拟办公室里，员工在工作之余还可以与"遇见"的同事打招呼、交流、讨论项目、研究技术等。在元宇宙的虚拟办公室内，所有员工都可以进行除吃饭、喝水等生理需求之外的，在现实世界办公室可做的一切活动。

三、跨越地理空间限制，推动人才供给全球化

现实世界的工作需要有固定的物理空间，便于员工在一起工作、协作。但随着远程办公、在线办公的快速发展，企业员工不再需要聚集在一起，对固定物理空间的依赖性也在逐渐减弱。在这种背景下，企业反而需要一个新的虚拟工作空间，让分散在各地的员工能够有一种聚集在同一个空间的真实感，可以随时进行工作沟通。随着元宇宙不断发展，5G、人工智能、虚拟现实、增强现实、云计算等技术不断完善，高速率、低时延、大带宽的网络以及海量、高渲染画面的实时计算能力将能够极大地解决异地沟通的临场感问题，促使异地办公也可以很大程度还原真实的工作场景。[①] 员工不需要去办公室上班，可以在家里、书店、咖啡厅、公园等任何一个有网络的地方，通过电子设备到元宇宙虚拟办公室上班、打卡以及进行日常办公。想象一下，当你还在家中，而你在元宇宙的虚拟化身就已经出现在了虚拟会议室，周围坐着同事们的虚拟形象，各类文件以第一视角呈现在你的面前，各种交流、探讨的声音在你的耳边响起……人们可以跨越时间和空间限制共享虚拟办公空间，以虚拟化身形象进行沉浸式办公。而企业也可以不再拘泥于空间的限制，在全球范围内招贤纳士，从全球各个国家和地区获取人才补给，这将极大地缓解目前全球人才与劳动力供求失衡的状况。

[①] 华泰证券. 元宇宙如何成为下一代生产力工具？[R/OL].

第七节 "元宇宙+旅游":让游客真正"感同身受"

元宇宙旅游是利用数字存储、虚拟现实、增强现实、混合现实等技术在元宇宙平台上构建信息资源群,通过全息投影、景区虚拟环境模拟等还原景点,让消费者在虚拟世界中体验旅游活动。随着5G、虚拟现实、增强现实、人工智能等技术的快速发展,无论是虚拟云游还是景区智能导览,这些业态都已经具备了元宇宙的一些雏形。元宇宙所具有的虚拟空间、沉浸式体验、强参与感等特点,恰好契合受疫情影响的旅游业追求的新模式。元宇宙时代的文旅活动,在虚拟的旅游景色、场景、道具,以及观众(游客)交互参与、沉浸式体验等方面,都将会给观众(游客)带来更多的感官享受,同时也将为产业经济提供新的动能。

一、打造数字景点,实现随时随地的文旅体验

元宇宙所构建的虚拟空间、多维时间线以及沉浸式体验与数字文旅发展方向不谋而合,极大地增强了各地旅游景区的趣味性和沉浸感,元宇宙的应用有望使文旅场景不再是单一的游览过

程，游客能够在体验的过程中运用虚拟技术将自身带入并与周围进行互动。通过人景融合交互深度的不断加强，游客将获得高沉浸感的旅游体验，这将有望打破新冠肺炎疫情影响之下文旅产业的发展僵局，为产业带来新的增长点。

传统的观光式旅游具有一定的单一性和局限性，这种"走马观花"式的旅游可能会让游客错过旅游景点背后的历史、文化以及精彩故事传说。而将虚拟与现实深度融合的元宇宙则可以使这些景点重获"新生"，利用虚拟现实、增强现实等技术，可以极大地提升旅游景区的探索性和可能性。例如，百度地图曾借助增强现实技术再现圆明园大水法遗址，游客可以点击百度地图的AR识别入口，用手机摄像头扫描大水法遗址，手机上就可以出现同比例的3D动画模型，再现大水法遗址昔日的辉煌，生成模型之后，游客可以转动手机参观"大水法"，还可以对建筑细节或全局进行观察，深入了解遗址背后的文化。元宇宙可以突破时间和空间限制，在数字空间生动地复原和呈现实体建筑，甚至游客不需要亲自到景区就能"身临其境"般感受虚拟旅游，欣赏近乎真实的美景，甚至还可以多人同时体验。例如，大唐不夜城景区与太一集团共同开发的以唐朝历史文化为背景的元宇宙项目《大唐·开元》，打造了一个类似于大唐不夜城的"镜像虚拟世界"，利用数字化技术将中国传统建筑进行还原，实现虚拟与现实的互动，游客无论在哪里，只要通过端口登录《大唐·开元》世界，动动手指就能在完美复原的唐朝街道上逛街、购物、享受与现实世界同样的商家折扣，甚至还能邀请世界各地的朋友一起逛街，和在现实生活中一样。

另外，元宇宙或将赋能主题公园的发展。2020年年底，迪士尼公司公布了其宏大的元宇宙战略，计划在虚拟世界中引入元宇宙相关技术，探索如何在迪士尼乐园游乐项目中解锁这些技术。此前，迪士尼前数字执行副总裁蒂拉克·曼达迪于2020年在LinkedIn（领英）上发布了关于创建元宇宙主题公园的文章，通过可穿戴设备、智能手机和数字接入点，实现现实世界和数字世界的融合。想象一下，当元宇宙的先进技术与迪士尼优质内容IP相互碰撞，当主题公园与开放世界游戏的虚拟身份有机结合，一方面，可以在实体的主题乐园空间以剧情和数字技术推动线下沉浸式体验；另一方面，利用虚拟技术在元宇宙世界搭建主题乐园的虚拟空间，将虚拟乐园和实体主题公园紧密连接，在构建出来的迪士尼元宇宙乐园里，用户可以通过自己的虚拟化身体验不同的游戏、电影和娱乐项目。同时，数字乐园的搭建可以有效解决实体场景建设周期长的问题，通过构建数字孪生场景让用户先行在虚拟世界体验、游览，也能帮助场景方进行更好的营销运作。

二、"NFT门票+数字藏品"，助力景区景点商业变现

在"元宇宙+"影响下，除了数字景点，NFT也在景区运营

中发挥了重要作用。NFT 拥有唯一编码，具有不可分割性和独一无二性，是为去中心化所有权而设定的，而这种去中心化的特性使得每个个体都能够参与到价值共创过程中，创造独一无二的数字资产，进而完成确权、流转、溯源等全流程。目前，NFT 产品赋能景区主要体现在以下两个方面。

一是对景区纪念品的数字化重构。NFT 数字藏品为景区纪念品和文创产品提供了新的价值承载方式，文创产品的打造不再拘泥于实物的限制，并且没有了空间的约束，更不必担心藏品丢失、损坏。通过设计数字文创产品，并赋予其独一无二的 NFT，保证数字藏品跟实物一样可以确权，并验证其原真性，这样消费者手中的产品就具有了收藏价值，比如拥有丰富的 IP 资源和雄厚的粉丝基础的迪士尼与收藏品平台 Veve 合作发布的《星球大战》《辛普森一家》《米老鼠》等系列 NFT。目前，大部分 NFT 已经售罄，并在二级市场上被炒作，如 60 美元发行的《辛普森一家》NFT 在二级市场上曾一度被卖到 150 美元。[1] 国内数字娱乐用户对文化旅游 IP 主题的 NFT 产品接受度也较高，国内厂商也已经推出不少相关的 NFT 产品。例如，支付宝联合敦煌美术研究所推出 NFT 付款码皮肤，在几秒钟内售罄；腾讯旗下数字藏品平台幻核推出靖江王府"摩崖五福"数字石刻，共计 6 000 份，当天数万名消费者预约抢购；蚂蚁链宝藏计划推出西安首

---

[1] 参考自 https://mp.weixin.qq.com/s/_a33oAxn3kl9b1x5tcNaew。

个 3D 建筑模型的数字藏品"大唐开元·钟楼""大唐开元·小雁塔","大唐开元"系列数字藏品通过 3D 的形式将古建筑形态与细节尽可能地还原出来,展现古建筑背后深厚的历史性与艺术性。该系列数字藏品共发行 10 000 份,上线后"秒罄"。

二是景区门票数字化创新。随着 NFT 的发展,景区逐渐将目光转向线上门票销售,通过 NFT 门票引流为景区带来更大的收益。景区借助 NFT 技术,将景区特色元素与数字门票相结合制作 NFT 门票,在游客购买 NFT 门票后,将其作为数字资产提供给游客,赋予 NFT 门票收藏价值。2021 年 12 月 31 日,安徽黄山推出首款数字文创纪念门票,通过实名认证成功购买黄山风景区门票的游客皆可获得数字门票的购买权益。同一天,北京八达岭长城也推出了八达岭长城景区数字纪念票,长城数字纪念票通过蚂蚁链的区块链技术进行 IP 版权保护及确权,被赋予了独特的收藏价值,每位游客都可以获得一张独一无二的数字纪念票。首发 2 022 张纪念票可免费领取,之后,持有八达岭长城门票的游客可以以 1.99 元的价格购买。首发的 2022 冬季纪念票以八达岭长城为主体,展现了一幅"北国风光,千里冰封,万里雪飘"的壮观画面。2022 年 4 月,八达岭长城又推出春季特别款数字纪念票《春满山河》,包含长城及世园公园、雪游龙、开往春天的列车等众多景点风光,与冬季纪念票里萧瑟的北国风光形成鲜明对比。《春满山河》数字纪念票售价 6.9 元,游客购买之后,还能获得价值 100 元的文旅优惠券包。

元宇宙赋能文旅，能够有效拓展文化，尤其是传统文化产业的边界，促进文化产业价值与商业价值"活起来"。景区通过发售NFT门票和数字藏品，弥补了线下文旅的短板，提供了一种新型的数字化文旅体验，不仅能够为景区品牌营销提供新的触点，更能突破时间、空间的限制，触达更多年轻用户、线上用户，向更多的线上消费者推介景区文化，在以数字藏品讲述景区故事的同时，助力景区培育新的营收增长点。同时，这种数字藏品还有助于深度挖掘文旅IP价值，将景区的门票经济拓展到IP运营领域，推动景区开辟以创新IP衍生品为对象的数字经济市场，进一步挖掘景区IP的价值属性，通过区块链技术赋能旅游景区IP高质量发展，同时连接更宽广的数字藏品市场，架起探索景区IP衍生品与元宇宙之间的桥梁。

第八节 "元宇宙 + 会展"：推动会展行业智慧化

线下会展正加速向数字化会展转变。国际展览业协会发布的《全球展览行业晴雨表》显示，全球 58% 的行业受访者在现有的展览产品中增加了数字服务和数字产品。我国数字展览也经历了自己的发展历程，从只有文字、图片的电子会刊的 1.0 时代，进入了加入短视频和实时交互、电子商务的在线逛展模式的 2.0 时代，到增加了视频会议和直播的 3.0 时代，再到增添了虚拟游戏化沉浸体验的 4.0 时代，数字展览的 4.0 时代正是即将到来的元宇宙雏形之一。[①] 元宇宙在会展领域的应用，即利用虚拟现实技术，在虚拟的三维世界里搭建一个超级虚拟会展平台，将现实中的会展场景"搬上"云端，同时参展企业可自主设计并上传展览主题、产品宣传图、宣传视频、在线直播等，将线下会展 1∶1 复刻到线上，观众可以在任何时间、任何地点参观全球会展，一键搜集会展上的全部资讯，并可以在参观过程中实现一对一、一对多以及多对多的语音交流，如同线下参展一般。

---

① 裴超. "元宇宙"让会展业实现数字化改造 [J]. 中国会展，2022（5）：50-53.

一、突破时空限制，会展空间弹性自由

观众在线下展会参展需要到固定场所、展厅，然而在新冠肺炎疫情的影响之下，这种观众聚集的线下会展显然受到了严重的冲击。而在元宇宙会展中，观众只需要通过 VR 设备、电脑、手机，就可以在任何地方参加会展。在虚拟现实等技术支持下，元宇宙虚拟会展是不受观众数量和场地大小限制的。元宇宙虚拟会展支持 1∶1 场景搭建，可以将线下展厅原封不动"搬上"虚拟空间，还可以根据用户需求量身打造。元宇宙展厅是超越现实的虚拟三维空间，元宇宙平台为用户提供素材，用户可根据自己的想法自行设计与现实相同或者是超越现实的虚拟展厅，自主设计展厅内酷炫的 3D 动画、视频等。在虚拟场景搭建中，还可以加入高度仿真的现实产品模型，实现与虚拟场景的高度适配。在线用户可以更真实、直观地看到线下会展中不方便展示的产品构造、生产流程等；同时，3D 可互动的模型可以让用户获得比线下更好的互动体验。

虚拟会展还可以与线下会展同步举办，从而使得会展更加广泛地传播。比如日本的 Vket 会展，想参展的玩家需要提出申请，上传自己"搭建"的摊位。而摊位既有个人玩家的小摊位，也有企业的大场馆。个人展商可以在上面售卖 3D 模型和周边、举办艺术展览。企业级展商通常会推广品牌或产品，同真实世界实体店联动、合开镜像店、开设虚拟商场，等等。

另外，在元宇宙中举办虚拟会展，筹备周期更短，触达的人

数更多，可以有效降低企业参展成本，让企业将更多的精力放到会展本身。受时间和成本限制，大部分企业每年只会选择参加一到两次会展，而参加虚拟会展则不受限制，每个季度、每个月，甚至每周，企业都可以参加十人至上千人规模的虚拟展会，及时向市场公布企业相关信息，提高企业或品牌宣传的即时性和推广速度。例如，百度 Create 2021（百度 AI 开发者大会）在百度元宇宙 App 希壤举办，这是国内首次在元宇宙中举办的大会，该大会可同时容纳 10 万人同屏互动。国内知名虚拟现实技术应用服务提供商移动微世界，于 2020 年上线全球首个云上会议会展"中国银河会展中心"，不同于网页式的展览，中国银河会展中心创新性地还原了线下展馆场景，并且是精装展馆，一个场馆可以容纳几百家甚至上千家参展企业，3D 立体沉浸式的逛展模式不仅提供了更好的人机交互体验，更是创新了在 3D 空间里的"人人交互"体验。

二、多人在线逛展，实现沉浸式交互体验

互联网形式的数字会展，将二维的展品模拟成三维空间，动态地呈现在用户面前，并提供放大、缩小、旋转等交互操作功能，达到模拟和再现真实会展的效果，用户可以从网页或者 H5 界面进入数字展厅，根据自己的意愿选择参观路线、速度及视点。但这种方式下更加的用户是在独自参观展览，是静态的参

观,缺乏社交互动,无法与他人交流;3.0时代增加了视频和直播,互动性得到较大提升,但参观视角多是由主播掌握主导权,且互动是隔着屏幕的。

相比于互联网形式的会展,元宇宙会展互动性更强,每个人都有一个虚拟的身份,可自定义自身形象,以第一视角或者第三视角自主观展、逛展。同时,高实时性、高互动性、高沉浸感的元宇宙,要求虚拟空间能够容纳成千上万,甚至上亿的用户进行实时交流。用户进入虚拟会展,可以实现虚拟形象与现实世界的语音、动作、移动等多类操作同步,在元宇宙展厅中实现多人在线实时语音沟通,一起游走、逛展。在逛展过程中,如果用户碰见虚拟人,可以进行即时交流,同时可以在虚拟场景中参与展方的营销活动、在线交易等。实现游览不排队、云游不出门,实物展品随手玩,更加全方位、近距离地接触展品。例如,在 Vket 6 的夏日祭主题地图里,罗技展台有供游客踩着玩的键盘,以及可以免费带走的耳机。游客既能在隔壁拉面店"品尝"各种美食,又能买到实体店同款啤酒,甚至还能泡温泉。2021 年 9 月,东京电玩展由于疫情原因在线上举办,世界各地的玩家纷纷集中在虚拟场地——海上堡垒和飘浮在空中的瞭望塔,通过 Facebook 的 Oculus Quest 2 VR 耳机,以及个人电脑、智能手机上的浏览器,访问这些虚拟场地。参观者可以化身虚拟形象漫游虚拟空间,浏览各个展位,并与他人互动,还可能会遇到著名的游戏角色,同时有机会收集特殊物品,并解锁独家信息。

第三篇

站在"元宇宙经济"风口上的企业

每次产业变革,都会有一批企业倒下,但同时,也都会有一批新的企业成长起来并获得成功。"元宇宙+"时代的这场数字经济革命所带来的整个产业的变革,是一种宏观规律,需要被充分认识、充分尊重,只有顺应这个潮流,并对其拥有深刻的认识和充分的尊重,才能获得最大的机会。对于企业来讲,更应如此。

第七章

"元宇宙+"再建商业逻辑

第一节 "元宇宙+"颠覆组织形态

从互联网到物联网，再到元宇宙，人类社会正在进入万物互联的时代，随着这些变化的不断深化，企业面临的外部环境也由此发生了颠覆式变革，企业组织形态也在发生改变，组织边界模糊化发展，组织结构扁平化发展，组织关系呈现网络化趋势，企业组织高度开放。同时，个体创造性得到极大提升，"超级个体"成为元宇宙中重要的存在形式。

一、组织边界模糊化，业务范围逐步拓展

传统的企业大多遵循链条式的生产模式，企业通过自建或者并购将供应链上游、中游、下游整合到一个组织中，通过自主研发、自主供给、自主生产、自主销售、自主运营来完成产业链价值创造过程中的所有工作。但在"元宇宙+"的影响下，这种产品全生命周期的链条式生产模式正逐渐被打破，企业将以往完整的价值链条进行拆分，企业不再包揽生产过程的所有环节，更像是生产链上的一颗螺钉，只做自己最擅长的部分或环节，而其他

部分或者环节则在整个社会范围内进行优化配置，由市场中具有相同观念的"大家"共同完成，最终的价值创造和实现取决于各利益相关者之间的合作。企业逐步放开组织边界，从"就企业做企业"到"跳出企业做企业"，企业的边界随着可用社会资源的丰富而不断拓展，以并行、动态、开放的价值链代替传统企业的线性、静态、封闭的价值链，从而实现价值创造。

新兴信息技术支撑下的元宇宙企业平台为传统企业的组织边界带来了结构性变革，使得企业边界不再局限于其本身资源，从而为企业边界的融合提供了新的空间，也为企业边界的重构带来了无限的可能性。同时，企业跨界整合和商业生态化开创了全新的竞争空间，企业经营边界的突破使得行业边界的界定变得没有任何实际意义，企业不再属于某一个特定的行业，而行业也不仅仅包含某些特定的产业，行业内部的竞争已经完全被打破，企业要面临的不仅仅是来自"同行"的竞争，同时还需要警惕来自"路人"的竞争。企业边界呈现虚拟化、模糊化、柔性化趋势，不断超越产品和服务边界。

以游戏为例，游戏企业与非游戏企业之间有着清晰的业务边界，各类游戏之间也有着清晰的业务边界。赛车体育类游戏为用户提供各类赛车运动游戏服务，棋牌类游戏只提供麻将、斗地主等题材的娱乐服务，动作冒险类游戏则包含较多的动作要素，比较考验玩家的操作技巧。各类游戏都在自己的边界内经营，不涉及业务边界以外的领域。而元宇宙背景下，游戏实现混合经营，打破了各类游戏之间的边界。元宇宙游戏更像是一个平台，在这个平台上，游戏的业务不但超越了各类游戏之间的业务边界，而且还超越了游戏与非游戏之间的行业边界。例如具有代表性的元宇宙游戏平台 Roblox，从专门经营游戏逐渐演变成为一个没有业务边界的平台。在 Roblox 开放平台，用户可以利用平台提供的强大的创作工具和素材，尽情地创作各个类型的游戏。目前，Roblox 平台上已经涌现出大量优秀游戏作品，比如由"Hunter"团队开发的、最多可支持 4 人组队的动作冒险游戏《符文猎人》；由"精灵一家"团队开发的、充满埃及元素的冒险排名游戏（PRG）《埃及公主》；开发者 JoyKid 独立开发的多人对战游戏 *Color Combat*；等等。另外，Roblox 平台还尝试引入非游戏业务，比如与品牌商合作开设虚拟商店，开发虚拟服装；与明星合作举办虚拟演唱会；等等。从业务范围来讲，元宇宙游戏已经完全超越了传统游戏的经营边界。

二、组织结构扁平化，组织关系网络化

在传统的管理体系中，无论是泰勒提出的"流水线"，还是韦伯总结的"科层制"，抑或是法约尔提出的"管理五大职能"，都需要企业里存在很多的管理者，其优势表现为团队规模化、层级化，且权力集中，分工明确，作业标准化，在运作过程中需要

层层论证审批，信息传递具有层级局限性等特点。①但随着互联网以及元宇宙的发展，虚拟空间可以实现随时随地在线、即时连接、即时交流，企业与员工之间的信息传递不再受到时空限制，信息传播与交流实现"零时间、零距离、零成本、无边界"。

元宇宙强调去中心化，每个人都能够从某一个节点连接进去，然后不断地互联，理论上来讲，元宇宙没有一个所谓的"层级结构"。在信息技术与网络技术的驱动下，企业信息可以在同一层级之间进行传递和共享，而不必自上而下层层下达命令或自下而上逐级汇报。传统员工之间的纵向关系在企业信息网络平台（数据平台）上变成了纵横交错的平等关系，且企业管理人员的信息沟通能力和管理跨度已成倍，甚至数十倍地增长，从而大大压缩了企业组织结构的层级，向扁平化方向发展。②元宇宙的数据化、信息化将进一步推动企业打破原有金字塔式或科层制组织结构，建立元宇宙时代更为合适的扁平化、网络化组织。

另外，随着企业元宇宙化进程的不断推进，企业数字化、网络化进一步深化和加强，组织越发扁平化，工作方式不再严格按照传统的等级命令，更多的是协商、协作互助。在元宇宙平台的赋能下，员工之间的纵向分工越来越少，横向分工和相互协作持续加强，企业逐渐从以控制命令为主的组织关系转变为相对平

---

① 李苒然，蒋丽.谈"互联网+"时代企业组织的发展[J].辽宁师专学报（社会科学版），2021（1）：5-6，9.
② 姜秀萍.现代企业组织形态的演变及其发展趋势[J].商业时代，2007（20）：47-48.

等、富有创造性的网络关系。而这种组织关系的网络化还可以降低企业在决策与执行过程中的延迟，使得企业快速响应市场及竞争的动态变化，提高企业的组织反应能力。

三、打破时空限制，企业组织高度开放

传统企业经营活动被限制在特定的办公场所，所有业务和人员都聚集在一个地方，容易造成经营场所的空间拥挤以及工作效率的降低。而未来企业在元宇宙的加持之下，组织和业务的数字化升级和转型都会向着元宇宙的方向发展，企业可以通过虚拟经营，将不同类型的业务分散在不同的区域，从而突破时间和空间的限制，在趋近于真实的共享虚拟空间中实现高效经营。例如，在宝马的虚拟工厂中，来自全球各地的工程师、设计师、专家等可以集聚到一个场景中，共同进行产品的规划、设计、模拟等复杂工作，甚至在数字工厂中可以完成整套产品规划。通过虚拟现实技术，科研人员虽然身处世界各地，但是却如同面对面一起工作。这很好地解决了电话会议互动不足的问题。全部规划、设计都在虚拟工厂中完成，而不用去实体车间做更多的体力工作，这可以让研发人员把更多的精力放在知识型工作上。

另外，元宇宙需要构建一个人人参与的平台和生态，每个人都是消费者和创造者，这对未来企业组织形态提出了更高的要求。高度开放、公开、透明将成为未来组织的发展趋势。企业逐

渐向高度公开的组织转变，提供工具性平台，所有项目的全部信息均将实时、完全公开，所有软件开发工具包（SDK）、能力、编辑器、权限也都将进行开放，最关键的是，源代码和管理资源信息也将进行公开，真正建立起一个公开透明的元宇宙组织。每个人都可以创建一个自己的虚拟化身，当元宇宙中有任何需求时，都可以按照自己的专长和能力来选择接单，不会受到现实世界的公司和工作岗位的限制，也可以承接多家企业或不同岗位的工作，拿多份工资，从而实现人人参与共创，人人享有价值。

四、超级个体将成为元宇宙中重要的存在形式

在传统观念中，组织形态的企业才是企业发展的主要模式，人类社会实践结果也大都是群体的劳动成果。工业化时代，群体通过标准化、工业化流水线的生产模式进行生产劳动实践。信息化时代，尤其是自动化技术的普及和广泛应用，将个体从繁重的体力劳动、部分脑力劳动以及恶劣、危险的工作环境中解放出来，极大地提高了劳动生产率，个体能够实现以前较大规模群体劳动才能完成的任务与目标。但是由于层级限制，"个体"在组织中能够获取的资源是非常有限的，无论是数量还是质量。

而进入智能化时代，个人信息的获取爆发性增长，个人的思维方式和创造性也得到极大解放，更加追求自我价值的实现。以人工智能、区块链、物联网等为代表的数字技术在解放了人的体

力和部分脑力的同时，也让每个人都能够获得一部分生产资料并提供生产力，从而实现个体价值的最大化发展，"个体"将成为社会价值创造的主体。这意味着"人人都是企业"，"个体"既是价值创造主体又是价值创造客体，既是消费者又是生产者。[①] 这里所说的"个体"并非个体自然人，不代指所有人，而是可以熟练掌握和运用各种数字化技术和数字化工具，充分发挥自身创造力的个体。

我们常说"这是最好的时代"，技术对"个体"的赋权超过了任何一个时代，无论是创作工具还是创作环境，都在最大化地帮助个体充分发挥自己的创造力。从越来越模块化的 SaaS（软件即服务）平台、低代码平台，到在线协同的设计、多媒体编辑、文字智能编辑、图片识别、手写字识别等诸多在线数字工具，都能够让个体充分发挥自己的创造力，结合自媒体平台，个体创造力正在被最大化地挖掘并得到最大化的展现。[②]

随着移动互联网的快速发展，个体在线时长爆发性增长，消费场景也逐步由线下转为线上，对数字工具尤其是高效率的数字集成平台的需求快速增长。同时，数字工具的普及无形中又为部分个体赋能，促成了超级个体现象的出现，"超级个体"即具有超强创造力和内容创作力、超强传播力以及超强影响

[①] 李海舰，李燕. 企业组织形态演进研究——从工业经济时代到智能经济时代 [J]. 经济管理，2019，41（10）：22-36.

[②] 参考自 https://baijiahao.baidu.com/s?id=1724013478200851857&wfr=spider&for=pc。

力的"个体"。

短视频行业的崛起，促使平台方开发出能够让创作者更方便的数字工具，目前几乎所有的短视频平台都推出了针对手机端的数字工具，比如抖音推出的手机视频剪辑应用软件"剪映"，具有全面的剪辑功能，支持变速，有丰富的滤镜和特效效果，以及丰富的曲库资源，能够让用户便捷地进行创作。这种趋势会在元宇宙时代得到进一步发展。

元宇宙时代，各类开放性创作平台快速发展，极大地解放了个体创作的天性，个体创造力被最大化挖掘并得到最大化体现。元宇宙是庞大且复杂的场景，在某种程度上也可以理解为是人类社会的复刻版本，而完成其内在的构建，目前来说没有任何一家企业或者机构具备这个实力，这也意味着我们所设想的理想化的元宇宙场景必然是所有参与者建设的结果，小到一个主题、界面、人物、数字资产等，大到一个完整的虚拟空间，都会将个体的创造力发挥到极致。

在元宇宙中可能孵化出三种新的超级个体：一是平台创作者，依托平台创作工具，成为平台的头部创作者，实现较大规模的收益回报；二是数字资产拥有者，在比特币发展过程中就已经出现过类似情况，未来大量的数字资产必然被个体所拥有，这些数字资产的价值受其稀缺性影响，其产生的收益可能是惊人的；三是数字内容创作者，数字内容创作者与数字创作者的区别在于，数字内容创作者具有非常明显的身份标签，容易定义自己擅长的领域。例如，导演王家卫创作的 NFT 作品《花样年华·一刹那》以 340 万港币成交，成为亚洲第一个电影 NFT 作品，也创下了王家卫的拍卖纪录。[①]而这些超级个体的出现，又将影响运营、内容、设计等岗位的人员，每个人都希望成为超级个体，面向个体的渠道和平台选择也非常多。对于企业来说，如何留住人才，让人才产生的价值能够留在企业之中，或如何面对具备超级个体能力的员工，对企业经营与管理能力将是极为重要的考验。

  对于企业而言，提升客户价值和提高自身竞争力是不变的追求，这也是企业的价值创造所在。在新的产业环境下，要提升企业的价值创造能力，并将价值进行有效传递，创新商业模式非常重要，而整个商业模式是一个系统的且持续处于动态演化之中的有机整体。"元宇宙+"时代下，商业的逻辑会发生变化，交易结构、效率空间的变化都应成为企业关注的重要因素。

---

① 参考自 https://baijiahao.baidu.com/s?id=1724013478200851857&wfr=spider&for=pc。

第二节 "元宇宙+"重塑底层逻辑

元宇宙是一个完整的、自洽的经济体系,覆盖数字产品生产、消费的全链条。元宇宙经济以数字产品为核心,在数字世界进行数字产品的创造、交换、消费等经济活动。数字货币、数字资产、数字创造等要素将重塑互联网时代的底层逻辑。

一、数字货币为元宇宙发展提供基础设施

马克思主义政治经济学认为,货币是固定充当一般等价物的商品。货币本质上是价值尺度,其最基本的功能是作为交换媒介和价值储藏手段,根本目的是组织生产活动并成为维系生产关系的纽带。工业时代,货币完成了从黄金、白金等金属货币过渡到银行票据,再到法定货币的转换。互联网时代,移动支付推动无现金社会的发展,法定货币实现电子化发展,同时也为私人货币实践提供新技术、新方法。2008 年,中本聪发明了一种基于区块链技术的 P2P 形式的数字货币——比特币,与大多数货币不同的是,比特币不依赖于特定货币机构发行,而是基于特定算法,

通过大量的运算而生成，比特币经济使用整个 P2P 网络中众多节点构成的分布式数据库对所有的交易进行验证和记录，并利用加密技术来保证货币流通各个环节的安全。比特币的合法性在不同国家存在分歧，尽管中国目前已经禁止发行和交易诸如比特币这样的私人数字货币，但是由央行发行、以国家主权信用背书、具有法定地位的数字货币却引起了人们的广泛关注。2020 年 4 月，央行数字货币率先在深圳、成都、苏州、雄安新区 4 个地区测试试用。

目前，关于数字货币还没有统一的定义，国际清算银行认为数字货币是基于分布式账本技术，采用去中心化支付机制的虚拟货币；国际货币基金组织将数字货币称为"价值的数字表达"；我国央行发行的数字货币是指数字化的人民币，其本身是货币而不仅仅是支付工具。[①] 尽管关于数字概念的本质仍然存在一些争议，基于区块链的数字货币体系构建尚需深入研究与实践，但无论是以比特币为代表的数字代币，还是国家央行发行的数字法币，都是基于区块链技术且带有权证性质的新型货币。

不同于农耕社会和工业社会，在元宇宙中，"观念经济"将是经济活动的基本形态，货币的形式和载体也不再是贵重的金属货币，而是虚拟的数字货币。基于区块链的数字货币将成为元宇宙发展的重要基础设施，能够为元宇宙提供包括数字支付、价值

---

① 李娟娟，袁勇，王飞跃. 基于区块链的数字货币发展现状与展望 [J]. 自动化学报，2021，47（4）：715-729.

转移和价值贮藏等多种金融服务，包括对虚拟资产、虚拟数据和虚拟权益的标记、确权和交易。区块链的分布式记账技术不仅可以更好地保证每个人的价值存放和价值证明，还可以在完成价值储存功能的同时清晰地标注所有权，从而为元宇宙中的个人财产确权、知识产权保护提供更加准确、便利的凭证。与此同时，个人依据创意才能、天赋和劳动而创造的数字产品，一旦生成就能在区块链技术下获得独一无二的数字权证，天然带有资产属性，这就更加鼓励了个人创造，使得每个人在元宇宙中创造自己的数字产品成为可能。而这些资产经过认同而进行交换、流通，就能将其所携带的多元价值兑现为经济价值。①

二、数字资产重塑元宇宙经济的商业逻辑

1. 提供新的商业模式

元宇宙概念的兴起也带动了周边产业的发展，比如元宇宙建造服务、元宇宙虚拟土地租借和买卖服务等。元宇宙是一个全新的虚拟世界和虚拟空间，它也需要进行场所建造等。在元宇宙的建造过程中，人们的时间和精力总是有限的，所以人们更希望有专业的团队进行元宇宙空间的建造、装修、设计等，于是元宇宙建造服务的承包商应运而生，帮助用户建造理想的建筑或空间场

---

① 袁园，杨永忠.走向元宇宙：一种新型数字经济的机理与逻辑[J].深圳大学学报（人文社会科学版），2022，39（1）：84-94.

所。目前，国内外均有专业的公司为元宇宙用户提供元宇宙建设服务，国外较为知名的元宇宙建设服务商以 Voxel Architects 为代表，而国内较为知名的元宇宙土地服务商则有 MetaEstate 等企业。在元宇宙平台 Cryptovoxels 的重要城市 Origin City 中，Space Age、Stone Age、Glass Age 等累计访问量最高的建筑物都是由 Voxel Architects 公司提供的。而 MetaEstate 公司则是在 Cryptovoxels 平台上搭建了许多精美的场馆，比如《星际迷航》别墅系列、Creation 时尚馆、连锁餐饮品牌豪林居酒楼等。另外，在元宇宙中人们可以买卖和租借虚拟土地，也由此催生出地产租借服务的商业模式，目前已经有不少企业开始涉足这一领域，例如，虚拟房地产公司 Metaverse Property 致力于虚拟财产的收购，以及由加密技术、区块链和 NFT 驱动的虚拟房地产服务。虚拟土地的租借可以提高人们对虚拟土地的投资意愿，并通过投资虚拟土地获得稳定的现金流。很多人没有足够的资源或时间去开发一块虚拟的土地，而虚拟地产租借公司的存在能够提高此类人购买虚拟土地的欲望。2021 年 12 月，元宇宙平台 The Sandbox 上的一块虚拟土地以大约 3 200 万元的价格成交，刷新了元宇宙房地产交易记录。

2. 创造新的经济体系

在元宇宙中创造出来的数字产品经由他人的消费、购买，将会产生数字资产，当元宇宙中的数字资产可以与物理世界的资产进行双向兑换并且达到一定规模时，经济生产的总体量将大幅提升。例如，Roblox 平台实现了虚拟货币 Robux 与美元的双向兑换，从而形成了一个经济闭环，打造元宇宙游戏平台进行数字经济生产的"Roblox"模式，虚拟货币 Robux 的充值比例约为 R\$1 = \$0.01（玩家购买 1Robux 大约需要花费 0.01 美元），兑换比例为 R\$1 = \$0.0035（开发者兑换 1Robux 可获得 0.0035 美元的收益）。另外，数字藏品市场快速升温，故宫太和瑞兽、爱奇艺的寄生熊猫 Producer C 等数字藏品一经推出就深受消费者的喜爱。数字藏品交易平台持续涌现，例如蚂蚁集团旗下的鲸探、腾讯的幻核、阿里拍卖、百度超级链、京东灵稀、视觉中国的元视觉、网易的网易星球等，用户可以在交易平台购买自己喜欢的数字藏品。数字资产的创造、购买和拥有已经成为经济体系中新的产业形态，这些新的交易的产生并不受限于物理世界的生产法则，进而在一个目前尚无法充分预估的意义上扩大了人类经济的总体量。[①] 据国外数据平台 Dune Anlytics 统计，2022 年第一季度国外数字藏品市场的交易规模超过 1 800 亿元。"头豹研究院"等国内专业平台测算，到 2026 年，中国数字藏品市场规模预计将达到 300 亿元。

[①] 袁园，杨永忠.走向元宇宙：一种新型数字经济的机理与逻辑[J].深圳大学学报（人文社会科学版），2022，39（1）：84-94.

三、数字创造推动内容本身商业变现

在移动互联网快速发展的十余年,智能手机用户数快速增长,推动移动互联网渗透率不断提高,社交、游戏、视频、购物等应用端的供给输入带来了内容大爆发,短视频、直播等商业模式的创新改变了原有的内容分发规则。这些分别对应着硬件、流量、内容与变现,但内容本身无法变现,从而导致移动互联网商业的底层逻辑仍是流量。

移动互联网商业坚持"流量为王",拥有流量就等于拥有用户,就可能拥有一切。正所谓"流量意味着体量,体量意味着分量;用户聚焦之处,金钱必将随之"。任何一个互联网产品,在拥有了足够的用户之后,都会发生质的变化,从而创造出更大的价值和更多的商机,因此很多企业免费甚至贴钱也要提高产品用户量,同样也是明白了"流量等于入口,用户等于金钱"这个道理。从全球互联网巨头的收入结构来看,其变现方式依然以广告为主。从 2011 年到 2020 年,腾讯、谷歌、Facebook、阿里巴巴、亚马逊依托流量类的收入复合年均增长率分别为 51.1%、17.2%、42.3%、43.6%、31.4%,除腾讯外,流量类收入占总营收的比例均达到 80% 以上。①

而在移动互联网渗透率达到天花板之后,元宇宙则成为互联

---

① 中泰证券研究所.元宇宙:基于数字科技,重构商业逻辑 [R/OL].

网企业选择的新增长点。移动互联网正在遭遇"内卷化"的瓶颈期,在内容载体、传播方式、交互方式、参与感和互动性等方面长期缺乏突破,造成了"无发展的增长"。技术渴望新产品、资本寻找新赛道、用户期待新体验,元宇宙作为映射现实世界的虚拟空间,其本质是对现实世界的虚拟化、数字化,将会对内容生产、经济系统、用户体验以及实体世界内容进行大量的改造。用户在元宇宙中能够利用底层技术、软件基建等创作自己想要的虚拟场景,打破了PGC(专业生产内容)时代对于场景与内容、规则框架等的限制,推动内容本身变现,而在这种模式下,企业可以提供底层技术、场景、IP等,也能参与到内容创作之中。元宇宙的开放性平台能够为内容创作者提供开发工具包,让其在短时间内轻松、高效地制作出虚拟场景的内容,并快速地将创作者创作的虚拟场景内容分发给用户,刺激用户消费,帮助内容创作者将创作的内容商业化,助力创作内容变现,从而吸引更多内容创作者来元宇宙创作虚拟场景。元宇宙重塑了移动互联网时代的商业逻辑,使其从移动互联网时代的"内容必须借助流量变现",升维到"元宇宙+"时代的"内容本身即可变现"。

第三节 "元宇宙+"整合营销生态

一、营销媒介发生重大颠覆

在"元宇宙+"的影响下,营销媒介发生重大颠覆。元宇宙是集成与融合现在与未来全部数字技术于一体的"终极"数字媒介,它将实现现实世界和虚拟世界的连接革命,进而成为超越现实世界的、更高维度的新型世界。① 互联网时代的营销媒介实现从传统纸质营销媒介到网络营销媒介的跨越,元宇宙时代则不再仅仅依靠网站、社交媒体、App 等大众媒介进行营销,而是将现实世界的营销平移至虚拟世界,以虚拟现实技术为媒介,在元宇宙虚拟世界中展示数字商品信息并通过 NFT 交易数字商品,用户通过佩戴 VR 头盔或者眼镜即可进入虚拟世界进行虚拟购物。元宇宙营销的最大优势是,无论品牌方想要达到怎样的效果,都可以实现,为用户提供个性化、定制化的体验,以及娱乐、灵感和消费机会,而无须局限在单一的某个地方或者时间节点,具有较强的创造性与灵活性。在虚拟环境中,品牌方还可以根据

---

① 喻国明,耿晓梦.元宇宙:媒介化社会的未来生态图景[J].新疆师范大学学报(哲学社会科学版),2022,43(3).

市场动态和用户需求变化作出及时反应,并与用户进行个性化互动。

二、营销受众由消费者转向虚拟化身,Z 世代成为主流消费群体

身份作为元宇宙的八大要素之一,是进入元宇宙的重要切入点。用户在进入元宇宙后都将获得一个虚拟化身,而这个虚拟化身则是用户个性的虚拟展示,也是用户在元宇宙中的自我、虚拟风格、消费习惯和品牌偏好的重要体现。元宇宙营销的一个重要转变就是,品牌方面对的不再只是现实中的消费者,而是消费者及其在元宇宙中的虚拟化身,虚拟化身具有人的社会属性以及虚拟交互需求。一些品牌方基于"元宇宙"推出虚拟试穿功能,通过 3D 虚拟形象来帮助消费者选择适合自己的服装,使消费者根据自身的穿衣风格、身材等选择合适的服装尺码、款式,从而提升线上购物的满意度和体验度。另外,品牌方还推出配饰、装扮等数字商品帮助消费者装扮在元宇宙中的虚拟化身。比如 Gucci 在 Roblox 推出了限量版配饰,还与虚拟形象技术公司 Genies 展开虚拟时装合作,用户可以让他们的虚拟化身穿上 Gucci 的最新设计时装,在虚拟世界中自由表达自我。

庞大的年轻用户群体成为元宇宙营销的主阵地。元宇宙背景下消费人群年轻化,消费习惯、消费观念等均发生了极大变化。

年轻消费群体规模不断扩大，根据移动互联网大数据研究机构QuestMobile发布的《"Z世代"洞察报告》，截至2020年11月，"95后""00后"活跃用户规模达到3.2亿人，占全网活跃用户总数的28.1%，其线上消费能力和意愿均高于全网用户。而这些年轻的网民都是元宇宙营销的潜在消费者和主要消费人群，Z世代生活优渥，具有较强的消费意识，而且他们的购买力也很强。Z世代人群是互联网的原住民，也是技术迭代早期消费者，兴趣爱好极其广泛，是社交、娱乐、购物的生力军。PitchFWD创始人和纽约大学客座教授萨曼莎·G.沃尔夫（Samantha G.Wolfe）认为，这一代人热衷于个性表达和挑战现有社会结构……元宇宙为他们提供了新的时尚表现形式，也为那些创造全新表现形式的设计师提供巨大的机会，而这一切只能在元宇宙内才会变得可能。[①]

三、从叙述故事到创造故事，沉浸式营销将成为未来营销主要方式

营销内容从叙述故事转变为创造故事，消费者从旁观者转变为参与者。元宇宙赋予个人极大的自主性，用户生成内容（UGC）和机器生成内容（PGC）已经成为社会信息传播主流。

---

① MMA. The Metaverse is the Medium 2021[R/OL].

一般来说，传统的营销主要是通过品牌方讲述故事，来引导消费者对产品或品牌产生认同和共鸣，而元宇宙的营销则是以创作者为主导，并提供丰富的内容和体验。以元宇宙游戏平台 Roblox 为例，Roblox 是首个定位"工具 + 社区"的游戏 UGC 平台，为创作者提供技术工具并协助其自由生产内容的同时，也为玩家提供了游戏与社交活动平台。品牌方可以与 Roblox 上的开发者共创一些内容、体验，从而获得更多的助力，该模式同目前的品牌方与 KOL（关键意见领袖）合作推广类似。另外，元宇宙是一个具身性互联网，元宇宙中的用户不再是浏览内容而是在内容之中。元宇宙营销过程中消费者不再仅仅通过文字或者视频来了解商品信息，而是拥有更加丰富的体验，比如直播、3D 立体展示物品、放大物品、缩小物品等，让消费者更具"在场感"。

沉浸式营销将成为未来营销主要方式。互联网时代，从图文到视频的内容营销方式不断丰富，但就交互性、沉浸性来说，无论是图文还是视频，依旧是二维的存在，无法真正跨越空间的距离。元宇宙时代，随着 5G 商用及 6G 研发速度加快，高速率、低时延和大连接将使新兴的沉浸式技术释放更多潜能。增强现实、虚拟现实、混合现实等扩展现实技术将推动社会迈入高度智能化、实时交互沉浸时代，营销内容实现高度沉浸化、交互方式场景化、非语言传播，并且具有实时性。很多品牌都利用增强现实技术让消费者在购买前虚拟试穿产品，为消费者提供一种可以随时随地试穿的全新体验。同时，元宇宙中的品牌方可以与用户充分互动，提供沉浸式体验，比如在《堡垒之夜》举办演唱会，在《我的世界》举行毕业典礼，在 Roblox 中开设虚拟品牌商店和举办虚拟品牌展会。通过与元宇宙平台合作，实现品牌价值最大化。

第八章

全球巨头布局元宇宙

第八章 全球巨头布局元宇宙

当前，国内外互联网巨头们纷纷开始布局元宇宙，不少互联网企业持续被赋予元宇宙概念，并已推出了不少产品。元宇宙俨然已经成为国内外互联网巨头们的新赛道。

第一节 Meta：从 Facebook 到 Meta，全力布局元宇宙

Facebook 一直走在探索元宇宙的前列，其创始人扎克伯格描述了对元宇宙的发展愿景，希望用五年时间将 Facebook 打造成为一家元宇宙公司，从目前的情况看，Facebook 也的确是该领域进展最快、投入最大的公司。2021 年 10 月 28 日，扎克伯格在 Connect 2021 大会上宣布将 Facebook 更名为 Meta，Meta 是 Metaverse 的前缀，可译为"元"，意思是包含万物，无所不联。同时，旗下 Facebook 社交平台保留原有名称，其他公司服务和应用程序也继续沿用原来的名字，而 Meta 将成为监督 Facebook、Instagram、Facebook 虚拟现实研究实验室（Facebook Reality Labs）及其所有子公司的唯一母公司。Meta 此举与谷歌 2015 年

将公司更名为 Alphabet 有异曲同工之妙，其主要用意就是区分之前的企业名称和主要业务板块，并为管理其所有服务和产品的伞式公司提供一个更加包罗万象的名称，同时此举也表明 Meta 公司全面进军元宇宙的决心。

一、前瞻布局增强现实、虚拟现实领域

Facebook 早在 2014 年就通过收购 VR 硬件设备厂商 Oculus 切入硬件市场，并持续推出 Oculus DK1/DK2、PC VR Oculus Rift CV1、PC VR Oculus RiftS、Oculus Go VR 一体机、Oculus Quest VR 一体机、Oculus Quest 2 VR 一体机等硬件设备。根据 IDC 数据，2021 年全球 AR/VR 头显出货量达到 1 123 万台，同比增长 92.1%。这些设备中，VR 头显设备出货量达到 1 095 万台，其中 Meta 旗下的 Oculus 市场份额达到 80%。[①] 扎克伯格在 Facebook 账号上称，Meta 正在改进 2021 年秋季发布的 Ray-Ban Stories 智能眼镜，该眼镜配备双扬声器、三个内置麦克风、两个前置摄像头和框架侧面的触摸板，用于控制音量和播放、暂停。升级后的眼镜将配置可在室内外佩戴的 AR"全视线镜片"，视频录制时间达到 1 分钟（时长是之前的两倍），同时其内置的语音助手功能增加了法语和意大利语。2021 年，Meta 公司推出了一款具有

---

① 参考自 https://www.163.com/dy/article/H3N4V21J0511B8LM.html。

划时代意义的硬件——触觉手套，它配备了大量的追踪和反馈部件，可以让用户在虚拟现实或者说在未来的元宇宙世界中，体验到与虚拟物体交互时的触感。该手套基于硅胶的微流体触觉反馈层压板和气动控制架构，模拟出人手抚摸材质纹理时的感觉、压力反馈及震动反馈，让用户在抓取虚拟物体时感受到真实的触感。可以说，这款手套让人们对虚拟世界拥有了除视觉、听觉之外的第三个维度的感觉。

除硬件之外，Meta 还在 Instagram 上推出两个新的增强现实功能，分别是多层次分割功能和优化之后的目标跟踪功能。多层次分割功能是指开发者在使用增强现实滤镜时可以把层次分割的纹理结合起来，而优化之后的目标跟踪功能是指在使用 AR 滤镜的时候可以识别多个移动的或者静止的物品。2022 年 5 月，Meta 宣布在中国台湾成立亚洲首座"元宇宙 XR Hub"，这座元宇宙扩展现实基地将聚焦文化艺术、经济商业、社会公益三大领域。其中，在文化艺术方面，Meta 将鼓励原创扩展现实内容开发与前瞻科技应用，并培育本土扩展现实创作者社群。

二、积极拓展元宇宙内容生态

Meta 依托旗下 Facebook、Instagram 等拥有约 30 亿用户的社交网络体系，在元宇宙内容方面拥有天然的用户优势，能够为元宇宙内容、应用试验提供孵化。Meta 积极探索元宇宙在游戏、社交、办公、教育、健身等领域的应用场景，不断拓展元宇宙内容生态。

在游戏领域，Meta 收购了 Beat Games、Big Box、Unit 2 Games、Sanzarn Games、Ready at Dawn、Downpour 等 VR 游戏开发商，不断扩大其在 VR 游戏领域的全球影响力和竞争力。

在社交领域，Meta 推出开放性社交平台 Horizon Worlds，在 Horizon Worlds 社交平台中，用户可以根据自己的喜好创造一个可以自定义发型、五官的虚拟化身，还可以利用"Telepods"的传送门，到不同的虚拟空间与现实生活中的朋友或在平台中认识的新朋友一起参加聚会、娱乐等活动。

在办公领域，Meta 推出 VR 办公应用 Horizon Workrooms，Horizon Workrooms 是一个可以让身处不同地区的用户在同一个虚拟房间里进行远程协作的虚拟会议空间，用户可以不受物理空间限制，以虚拟化身的形象参加 VR 会议。该应用还具有白板书写功能，用户可以用 Oculus Touch 手柄进行书写，如同在现实世界中书写一般，而在这个过程中现实环境中的桌面和键盘将能通过 Quest 2 摄像头以及直通功能显现。此外，Horizon Workrooms 还支持用户根据协作、对话或演示场合进行座位调整，以及将会议记录、文件分享链接同步至 Outlook 日历或 Google Calendar，以便用户更轻松地安排会议和发送邀请。

在教育领域，Meta 想要在元宇宙中建立一个学习的生态系统，并为此设立了 1.5 亿美元的专项基金。同时，Meta 旗下的 AR 平台 Spark AR 推出了一系列在线学习课程，着力培养教育领域 AR/VR 内容创作者。另外，Meta 还与 Unity 公司合作，帮助创作者掌握创建教育性虚拟现实内容所需的技能、工具等，并与多家大学、非营利性组织和教育机构达成了合作。在元宇宙教育场景中，扎克伯格认为元宇宙的到来将重塑未来的教育方式，增强现实、虚拟现实将成为一种强大的教学工具。在 Meta 发布的一个多小时时长的元宇宙概念片中，扎克伯格用一段短片展示了对未来元宇宙教育的畅想。比如当你想要学习行星知识时，通过佩戴智能眼镜，就能将整个太阳系从太空中拉到自己面前。你的眼前就能够投射出太阳系的八大行星，你可以通过手势调取它们的详细信息，也可以放大图像进行更细致的观察，甚至可以清楚地看到每个行星的纹理、结构和特点。而当你想学习古罗马建筑知识时，就可以"穿越"到 2 000 年前的古罗马，在那里，你可以可以亲身体验和见证它的建造过程。

在健身领域，2021 年 10 月，Meta 全资收购了 VR 健身应用 Supernatural 的开发工作室 Within，这也是更名以来 Meta 的第一次收购。之后，Meta 推出了免费的虚拟健身服务 Quest for Fitness，该服务基于 Oculus TV 应用，用户打开应用选择想要进入的虚拟场景，即可跟随教练进行沉浸式健身。

三、开发元宇宙虚拟货币

经济金融系统是元宇宙内各项活动顺利开展的基石，Meta

也一直积极寻求进入虚拟货币领域。2009年，Facebook推出虚拟货币Facebook Credits，虽然取得一定成功，但是4年之后，因为国际增长导致的高昂的外币兑换成本，项目最终被关闭。2019年6月，Facebook发布Libra数字货币白皮书，希望建立一套简约的、无国界的货币和为数亿人服务的基础金融设施，在安全、稳定的开源区块链基础上创建一种稳定的货币。但随后，全球多国央行、财政部部长、立法人员，以及多家隐私保护机构都对Libra提出了质疑，并列举了与Libra相关的诸多问题，包括洗钱、恐怖主义融资和金融稳定等。在监管的重压之下，Libra计划进行了数次调整，并于2020年正式更名为Diem，Diem作为稳定币，是一种与美元或欧元等法定货币挂钩的加密货币。Diem项目运行在自己的区块链上，依靠流动储备资产（现金、现金等价物、超短期国债）的完全支撑。2022年2月，Diem协会宣称，他们将以1.82亿美元向加州特许银行Silvergate Bank出售其知识产权及其他与支付网络有关的资产。2022年4月7日，英国《卫报》报道，Meta的金融部门正在探索开发一种代号为"Zuck Bucks"（扎克币）的元宇宙专属虚拟货币，还将研发诸如"创作者代币"之类的虚拟产品，以丰富收入来源以及留住用户。Meta也正在研究创造"社交代币"或"声誉代币"，用户可以使用虚拟代币打赏Instagram创作者，也可以将其作为对Facebook平台做出重大贡献者的回馈。此外，Meta还努力在Instagram上制作与特定博主相关联的创作者币。

第二节　Roblox：打造UGC游戏元宇宙

Roblox成立于2004年，是全球领先的3D平台虚拟社区，2021年在纽交所上市，首次将Metaverse的概念写入招股书，被称为"元宇宙第一股"。Roblox提出元宇宙的八个关键特征，即Identity（身份）、Friends（社交）、Immersive（沉浸感）、Low Friction（低延迟）、Variety（多样性）、Anywhere（随时随地）、Economy（经济系统）、Civility（文明）。

一、游戏引擎和游戏云助力构建开发者生态

Roblox的产品主要包括三个部分：Roblox客户端、Roblox Studio以及Roblox Cloud。Roblox客户端主要面向用户，是允许用户探索3D数字世界的应用程序，提供多端打通、即点即玩的游戏体验。Roblox Studio是一个工具集，主要面向开发者和创作者，允许开发人员和创作者构建、发布和操作3D内容，降低编程门槛。Roblox Cloud同时面向用户、开发者和内容创作者，主要提供游戏虚拟主机、数据储存及虚拟货币等。

Roblox 的核心技术来自高性能、跨平台的现实引擎 Roblox Studio，该引擎运行速度为 60 帧 / 秒，它可以根据不同设备的性能动态调节还原度。Roblox Studio 将底层技术封装，允许开发者使用更易掌握的 Lua 语言编码，让开发者直接操作 3D 环境，极大地降低了编程门槛，同时最大限度地保证了内容的质量。Roblox 重视玩家的自主开发，平台上提供了大量的开发相关视频教程与资料供开发者学习。与 Mod 编辑器相比，基于 Roblox Studio 的 UGC 游戏平台，给予创造者更高的自由度，玩家数量受限少，激励更为健全。Roblox Studio 还与 Roblox Cloud 深度集成，开发者可以在 Roblox Cloud 上使用一些图片、3D 模型、插件等免费或付费的社区资源来协助开发，也可以在 Roblox Cloud 平台发布自己创作的作品。

二、构建以 Robux 为核心的虚拟经济系统

Roblox 的另一大特色就是由虚拟货币 Robux 构成的经济系统，Robux 可以与真实的货币进行双向兑换，开发者可以获得 20% 的分成，而平台可以得到 55% 的分成。玩家购入的 Robux 可用于购买付费游戏、游戏装饰、道具以及虚拟物品。对于免费游戏，开发者根据玩家在游戏内的时长获得分成。相比于其他游戏的经济体系，Roblox 的最大优势就是可以进行双向兑换。对于大多数游戏平台来说，用户只能在真实货币与虚拟货币之间

进行单向兑换，即用真实货币兑换虚拟货币。在 Roblox 的双向兑换机制下，开发者可以直接将赚取的 Robux 折现，这也极大地激发了平台创作者的积极性。据官方公布的数据，Roblox 已经拥有 950 多万名创作者。同时，开发者的收入也在不断增多。Roblox 财报数据显示，近三年每个季度 Roblox 开发者收入都在持续上涨，从 2019 年第一季度的 2 270 万美元涨至 2021 年第四季度的近 1.6 亿美元。仅 2021 年，Roblox 开发者社区收入就达到了 5.4 亿美元，较上年同比增长 63.8%，超出了 5 亿美元的目标。而 2019 年和 2020 年开发者收入分别为 1.1 亿美元和 3.3 亿美元。仅仅两年时间，开发者收入就涨了近 5 倍。在开发者人数不断增长的同时，Roblox 也吸引了越来越多的活跃用户。Roblox 的日活跃用户数（DAU）从 2019 年第一季度的 1 580 万，上涨至 2021 年第四季度的 4 950 万，2022 年 1 月已经达到 5 470 万。与此同时，截至 2021 年第四季度，Roblox 的月付费用户数达到 1 190 万，复购率达到 89%，创下历史新高。

三、依托 UGC 游戏平台打造多元内容体验

Roblox 在扩展平台应用范围方面，选择音乐、教育等作为重点方向。音乐方面，Roblox 已经与利尔·纳斯·X、莎拉·拉尔森等歌手合作，举办虚拟演唱会。2020 年 11 月，Roblox 和美国歌手利尔·纳斯·X 合作，利用动捕技术在 Roblox 上举办了一

场虚拟演唱会，吸引了3 300万名观众。2021年，Roblox与12个品牌合作，举办了6场音乐活动。教育层面，Roblox Education通过将Roblox Studio集成到STEM（科学、技术、工程、教学）课程及社区的沉浸式教育体验中，让学生和教育工作者可以更好地去探索在线学习。例如，学生不仅可以在社区内阅读古罗马历史，还可以在这里真实探索罗马斗兽场。同时，Roblox将继续提供免费软件和课程来普及STEM技能，比如编码和3D设计。另外，为了进一步支持其在教育领域的创想，Roblox还推出了Roblox社区基金计划（Roblox Community Fund），并提供1 000万美元的初始基金，用来扶持在平台上开发课程与教育体验内容的教育组织。此外，Roblox还与Gucci、耐克、Vans等品牌商进行合作，通过构建主题虚拟空间、开设虚拟商店、发行虚拟产品等，助力品牌营销。

第三节 英伟达：聚焦元宇宙基建，打造 Omniverse 开放式平台

英伟达创建于 1993 年，是一家人工智能计算公司。英伟达主要研发人工智能芯片，在元宇宙芯片、3D 设计和模拟平台的布局方面全球领先。2021 年 11 月，在 GPU 技术会议（GCT 2021）上，英伟达公司宣布了要将产品线升级为"GPU + CPU + DPU"的"三芯"产品发展战略，并在大会上正式推出了面向企业的虚拟工作平台 Omniverse，将其定位为"工程师的元宇宙"。

Omniverse 是一个易于扩展的开放式平台，致力于虚拟协作和物理级准确的实时模拟、仿真，并通过 NVIDIA RTX 技术进行实时协作。Omniverse 旨在将图形、人工智能、仿真和可扩展计算整合在一个平台中，成为连接虚拟世界的基础，创作者、艺术家、设计师、工程师可以借助 Omniverse 连接主要设计工具、资产和项目，在共享的虚拟空间中实现协作。开发者和软件提供商还可以在 Omniverse 的模块化平台上轻松地构建和销售扩展程序、应用、连接器和微服务。Omniverse 平台拥有三个主要的应

用功能：一是 Omniverse 平台能够实现用户和应用程序之间的实时协作。Omniverse 平台可以将用户和 3D 设计工具整合到单个交互式平台上，通过这种方式，开发者可以即时更新、迭代和更改应用程序，而不需要准备任何数据，极大地简化了开发工作流程。二是 Omniverse 平台提供可扩展的、真实的实时光线追踪和路径追踪，可以实时实现精美、物理属性准确且逼真的作品视觉效果。三是 Omniverse 平台具有模型可扩展性，开发者只需要在 Omniverse 平台上构建一次模型，就可以在不同的设备上进行渲染。

2022 年 3 月，英伟达在 GTC 2022 上发布了 Omniverse 的全新功能，旨在丰富游戏开发者生态，让开发者可以在全新的游戏开发流程中部署人工智能、为角色制作带有面部表情的动画。升级版的 Omniverse 对 Omniverse Audio2Face、Omniverse Nucleus Cloud 和 Omniverse DeepSearch 进行了更新，以及发布了虚幻引擎 5 Omniverse Connector。由人工智能驱动的 Omniverse Audio2Face，允许开发者用音频文件制作高质量的面部动画。Audio2Face 支持完整的面部动画，开发者还可以对表演情绪进行控制。游戏开发者可以快速、轻松地为游戏角色添加真实的面部表情，加强玩家与游戏角色的情感连接，使其关系更为密切，从而提高玩家的沉浸感。Omniverse Nucleus Cloud 可实现 Omniverse 场景的一键式简单共享，而不需要将 Nucleus 部署到本地或私有云中。有了 Nucleus Cloud，游戏开发者可以轻松地在内部和外部开发团队之间实时分享和协作 3D 资产。Omniverse DeepSearch 允许游戏开发者利用自然语言和图像随时搜索非标注的 3D 资产、物体对象和角色目录。Omniverse Connectors 可实现第三方设计工具和 Omniverse 之间的"实时同步"协作工作。全新虚幻引擎 5 Omniverse Connector 允许游戏开发者在游戏引擎和 Omniverse 之间交换 USD（通用场景描述）文件和材料定义语言数据。

第四节　微软：依托 Azure 打造企业元宇宙

在微软 Build 2021 开发者大会上，微软首席执行官萨提亚·纳德拉在描述数字孪生、物联网等一系列 Azure 产品线的未来愿景时，第一次提出"企业元宇宙"（Enterprise Metaverse）的概念。企业元宇宙是随着数字世界和物理世界的融合而产生的基础设施堆栈的新层，是数字孪生、物联网和混合现实技术的结合。随后在 11 月的 Ignite 2021 线上会议上，萨提亚·纳德拉正式宣布进军元宇宙，表示微软将探索元宇宙技术，并加入这个有着一系列知名品牌和企业的数字世界。

在智能硬件方面，微软专门开发了 AR/VR 相关设备 HoloLens，HoloLens 是微软开发的一种 MR 头显，并于 2019 年更新迭代至 HoloLens 2。相比第一代，HoloLens 2 的 CPU 性能显著提升，通过搭配更多用于混合现实中协作的选项，它可以提供更加舒适的沉浸式体验。同时，它还可以很好地与微软 Azure、Dynamics 365 等远程方案结合使用。微软在 2021 年开发的新的 VR 触觉控制器 X-Rings，是一个专为虚拟现实设计的手持 360 度触觉控制器。它能够 3D 渲染物体对象，并对用户触摸和抓握力做出快速响应。X-Rings 配备了电容传感器，具有电机电流传感功能，可以推算出手指触摸状态和用户的抓握力。通过计算抓力，该设备可以提供多个状态来决定挤压的硬性。从本质上讲，该设备可以复制虚拟现实环境中的形状，使用户能够抓住该形状对象。

在底层技术方面，微软依托 Azure 智能云，为元宇宙提供技术支持。根据 IDC 数据，微软全球公有云市场份额为 14.2%，仅次于亚马逊（46.8%），是全球第二大公有云服务商。微软通过 Azure IoT（Azure 物联网）、Azure Digital Twins（Azure 数字孪生）、Azure Map、Azure Synapse、Azure AI、Dynamics 365、Microsoft Mesh 等全面的智能云服务，为元宇宙提供了必要的技术支持。Azure IoT 由一个或多个物联网设备构成，这些设备与云中托管的一个或多个后端服务通信，可以让数据在传感器和后端服务中双向传输。在元宇宙中 Azure IoT 可连接物理世界，实现数据同步，提供操作反馈。Azure Digital Twins 可以对任何事物进行建模，它简化了复杂模型的开发过程，并为传统物联网解决方案提供了更成熟的新功能。它利用云的力量来扩展和交付多租户解决方案，并允许垂直集成来整合其他技术解决方案，如混合现实和水平集成，以便将多个物联网解决方案连接在一起，实现数字模型和现实世界的同步。Azure Map 提供简单安全的地理空间服务，在保证隐私和数据安全的前提下，为用户提供室内的地理位置信息。Azure Synapse 是一项数据分析服务，用于大容量存储结构化数据和大数据分析。Azure AI 则可以提供突破性的数据洞察功能。Dynamics 365 是运行于云端的智能商业应用，主要为企业提供统一的智能客户关系管理（CRM）与企业资源计划（ERP）服务，并为企业业务的发展变化和快速创新注入混合现实和移动应用等功能。通过 Dynamics 365，用户将拥有唯一的智能业务应用程序产品组合，该产品组合可以为用户提供卓越的运营和更富吸引力的体验。Microsoft Mesh 是微软公司于 2021 年 3 月推出的混合现实云平台，该平台由 Azure 云支持，拥有 3D 化身和扩展现实功能，可以让身处不同地点的人通过微软头显 HoloLens、Oculus Quest 头显、电脑、手机等不同类型的设备，以虚拟形象甚至全息投影的方式进行协作。

此外，微软还与 Unity 合作，开发了混合现实工具包（Mixed Reality Toolkit，简称 MRTK），该工具包可以让开发者轻松利用 Unity 开发跨平台的混合现实应用。同时，开发者通过编辑器模拟可以轻松地进行原型设计，并可以马上看到相关修改。MRTK 提供丰富，用于手眼追踪、输入、解算器、诊断工具、场景管理等的组件，帮助用户用更少的时间搭载更出色的体验。通过 MRTK 构建的体验可以兼容任何支持 OpenXR 运行时的设备，例如 HoloLens 和 Meta Quest。

内容场景构建上，微软以游戏作为元宇宙的切入点，并积极布局企业元宇宙，推动元宇宙企业管理和虚拟办公场景的构建。在游戏方面，微软是全球三大游戏机制造商之一以及 PC 游戏市场的重要参与者，萨提亚·纳德拉表示："微软对游戏平台和

Xbox 系列主机拥抱元宇宙具有强烈的信心。"此外，微软还在 2022 年斥资 687 亿美元收购游戏开发和互动娱乐内容发行商动视暴雪。萨提亚·纳德拉认为，动视暴雪在游戏领域的经验可以帮助微软将元宇宙构建为一个互联的、持久的虚拟世界。除游戏场景之外，微软还积极构建企业管理和虚拟办公场景。2021 年 11 月，微软提出两项举措发展元宇宙，分别是"Dynamics 365 Connected Spaces"和"Mesh for Microsoft Teams"。Dynamics 365 Connected Spaces 是微软 SaaS 产品 Dynamics 365 的一个模块，主要用来进行企业管理，它提供了一个全新的角度，可以让管理者深入了解客户、员工在不同空间内的移动和互动方式，以及如何在混合工作环境中优化健康及安全管理。通过运用计算机和人工智能技术，Dynamics 365 Connected Spaces 可以使管理者对企业经营和运行状况进行实时监控，并为企业的经营管理提供实时的改进建议；还可以让用户访问虚拟的现实商店与场景，目前微软已经使用该产品访问了医院病房、丰田汽车工厂以及国际空间站等地方。Mesh for Microsoft Teams 主要面向普通用户，计划将在微软现有的线上会议功能的基础上，增加 Mesh 的混合现实功能，让来自不同地点的用户可以利用线上会议功能参与到工作中来，开会、发送信息、处理共享文档等，共享全息体验。在线上会议的过程中，用户可以使用自定义的虚拟化身来代替静态图片或视频图像。此外，在 Mesh 的虚拟空间内，用户可以使用虚拟白板与同事进行协作和讨论。

第五节 谷歌：以 AR 硬件作为切入点布局元宇宙

作为全球科技行业巨头之一，谷歌在人工智能、云计算等方面拥有较强优势，发展元宇宙技术基础雄厚。谷歌依托技术优势，以 AR 硬件为主要切入点对元宇宙产业进行布局。

在硬件方面，谷歌于 2012 年推出第一款 AR 眼镜——谷歌眼镜。2017 年，谷歌发布了专门针对商业用户的企业版谷歌眼镜，并在 2019 年发布了第二代企业版谷歌眼镜。2022 年，谷歌在 I/O 开发者大会上展示了新一代 AR 眼镜概念机，该眼镜支持 24 种语言实时翻译和 AR 字幕显示功能，此举被认为是谷歌推进元宇宙战略的信号。近期，有消息称谷歌在组建一支超过 300 人、大咖云集的研发团队，其研发的硬件产品可能是一款 AR 头盔。据透露，这款 AR 头盔将使用外向摄像头将计算机图形与现实世界的视频融合在一起，其效果更加真实，将会超过 Snap 和 Magic Leap 等现有的 AR 硬件产品。另外，该头盔的外观与滑雪护目镜相似，内置电池装置，无须笨拙的外部电源连接。此外，谷歌还在 2020 年收购了加拿大智能眼镜初创公司 North，以及拥有 Micro LED 技术的初创公司 Raxium，以推动其 AR 硬件业务的发展。

在技术方面，谷歌的人工智能技术在全球处于第一梯队，拥有强大的人工智能综合实力，同时，谷歌加速布局云计算，在全球公有云市场排名第四。因此，谷歌在云计算和人工智能领域的优势地位为元宇宙提供了重要的算力支持。2021年，谷歌研发了 Project Starline 通信技术，这一技术可能推动实现裸眼全息3D会议，可以很好地满足人们在元宇宙中进行远程、高清、实时通信的需求。

在内容场景方面，谷歌和 NBA 共同开发了一个元宇宙项目——Google Pixel Arena，球迷可以以自己的虚拟形象参与 NBA 篮球活动。Google Pixel Arena 将在 NBA 篮球活动的中场休息和比赛之间开放，所有安装 NBA 应用程序的智能手机用户都可以访问，用户可以让自己的虚拟形象穿戴他们所选球队的服装和配饰来探索球赛。

第六节　亚马逊：以 AWS 云为核心，打造元宇宙开发工具矩阵

亚马逊 AWS 云拥有全球顶尖的算力与算法，在元宇宙底层技术方面拥有领先优势。目前，亚马逊已经初步形成以 AWS 云为核心的元宇宙开发工具矩阵，并积极探索增强现实技术与电商业务相结合的 AR 购物实践。

AWS 云全球市场份额达到 46.8%，是全球第一公有云服务商。[①] 亚马逊已经形成了以云计算为核心的丰富的元宇宙开发矩阵，包括游戏引擎 Open 3D Engine（O3DE）、AR/VR 开发平台 Amazon Sumerian、无代码机器学习平台 Amazon SageMaker Canvas、搭建 5G 专用网络的 Amazon Private 5G 和数字孪生服务的 Amazon IoT TwinMaker 等，在元宇宙相关的算力基础、开发工具等方面的布局处于全球顶尖水平。

Open 3D Engine 是亚马逊于 2021 年 7 月发布的一款具有 3A 游戏开发能力的跨平台开源游戏引擎，该引擎拥有 30 余种不同的

---

① IDC. 全球及中国公有云服务市场（2020 年）跟踪 [R/OL].

开发工具，是基于 Amazon Lumberyard 系统开发而成，Amazon Lumberyard 拥有强大的渲染技术和创作工具，可以帮助用户完成游戏渲染方面的制作。Open 3D Engine 改善了 3D 建模的界面、性能和编辑器，添加了"云"以及 Atom Renderer 交互等附加功能，并支持 Vulkan、Metal 和 DirectX 12 上的光线追踪。Open 3D Engine 拥有超过 30 种不同的开发工具，还支持跨平台游戏开发，开发人员可以用它来开发适用于 iOS、Android、Windows 等系统的应用程序。Open 3D Engine 甚至有望在未来用于 Xbox、PS 和 Nintendo Switch 等主机的游戏开发。Amazon Sumerian 是一组基于浏览器的工具，用户可以轻松创建和运行 3D、AR/VR 应用程序。借助 Amazon Sumerian，用户可以在没有任何编程经验的情况下构建交互式 3D 场景，并使用 AWS Amplify 进行发布。Amazon SageMaker Canvas 降低了机器学习的门槛，用户无须掌握机器学习的代码便可在平台上获得精准的机器学习预测。搭建 5G 专用网络的 Amazon Private 5G 使用户能够迅速地部署和管理 5G 专用网络，无须担心采购、扩展和维护设备等问题，也不用担心要增加设备时的扩容问题。Amazon IoT TwinMaker 助力开发人员更加轻松、快捷地创建现实世界如楼宇、工厂、工业设备和生产线等的数字孪生。它能够使开发者从设备传感器、摄像机和业务应用程序等多个源头中轻易地搜集到数据，并将这些数据整合起来，创建一个可以对真实世界环境建模的知识图谱。用户通过 Amazon IoT TwinMaker，使用数字孪生构建反映现实世界的应用程序，提高运营效率并缩短停机时间。当数字孪生创建完成之后，开发人员就可以使用适用于 Amazon Managed Grafana 的 Amazon IoT TwinMaker 插件创建基于 Web 的应用程序，这些应用程序的数字孪生可以被工厂操作员和维护工程师用来监控和检查设施及工业系统设备。

此外，亚马逊基于自身电商平台优势，积极推动扩展现实技术与电商业务相结合，积极探索虚拟购物内容场景。2022 年 4 月 22 日，亚马逊推出了 Amazon View 功能，该功能融合了虚拟现实技术，允许消费者查看商品展示在居住环境中的样子。用户只需打开亚马逊 App，点击搜索栏相机图标，然后点击"在您的房间查看"并选择一个产品，即可在购买之前查看产品的真实效果，例如，椅子尺寸合适与否，或者咖啡桌在厨房或房间的这一侧看起来怎么样。亚马逊还推出了虚拟试穿鞋子功能，用户只需点击"虚拟试穿"按钮，将手机摄像头对准自己的脚，就会穿上 AR 鞋；用户还可以使用附带的功能调换同一款式的鞋子的颜色。此外，用户还可以通过点击"分享"图标，拍下他们的虚拟试穿体验，然后把照片保存到设备上，并发布到社交媒体上。

第七节　腾讯：多领域布局元宇宙，致力于打造全真互联网

2020年，马化腾在腾讯年度特刊《三观》中提出"全真互联网"的概念，他写道："一个令人兴奋的机会正在到来，移动互联网十年发展，即将迎来下一波升级，我们称之为'全真互联网'……虚拟世界和真实世界的大门已经打开，无论从虚到实，还是由实入虚，都在致力于帮助用户实现更为真实的体验。"马化腾提出的全真互联网概念与元宇宙有着异曲同工之妙。腾讯在布局全真互联网中积极推动硬件及基础设施建设，积极构建以游戏、社交为代表的内容场景，在硬件、底层架构、后端基建、内容场景等方面均有所布局。

一、推动元宇宙硬件及基础设施建设

在硬件方面，腾讯并没有直接布局XR硬件，而是通过投资和收购Snap、AR/VR眼镜厂商Innovega、手部动捕技术公司Ultraleap、AR眼镜厂商蜂巢科技等企业来进军XR硬件市场。

在后端基建方面，依托腾讯云打造全周期云游戏行业解决方案，为用户提供全链路云游戏平台与生态。同时，加速布局全场景 IDC（Internet Data Center，互联网数据中心）能力。腾讯还积极投资"元宇宙"新型技术公司——元象唯思，该公司致力于创建一个互联网与现实世界深度融合、无缝对接的生态，将云渲染、人工智能、视频编解码及系统工程等技术引入数字孪生的应用场景中，实现线上线下一体化交互体验。这与全真互联网以及元宇宙的发展不谋而合。

在底层架构方面，元宇宙平台投资商、虚拟引擎制造商、知名游戏开发商 Epic Games，通过以 Unreal Engine 为代表的一系列开发工具，帮助开发者来渲染构建整个虚拟世界。

二、构建多元化元宇宙内容产品矩阵

腾讯旗下拥有众多产品矩阵，涵盖社交、游戏、音乐、直播、网络文学、企业办公等多个领域。腾讯依托自身内容优势，以游戏、社交作为核心，并不断拓展元宇宙内容与场景。

在社交方面，腾讯 QQ 迈出探索元宇宙的第一步，推出超级QQ 秀，相比旧版 QQ 秀，超级 QQ 秀进行了全方位 3D 化，添加了 AI 捏脸数据、虚拟家园 3、虚拟情境、休闲活动等全新升级感受，虚拟人物形象突出 Z 世代用户的个性化。此外，腾讯还投资了主打"年轻人的社交元宇宙"标签的 Soul，按照其定义，用户只需花 30 秒完成"灵魂鉴定"就可以找到与自己有共同爱好、志趣相投的同龄人，并与其进行交流，构建自己的"社交元宇宙"。

在游戏方面，2020 年 2 月，腾讯参投了 Roblox 的 1.5 亿美元 G 轮融资，腾讯将负责 Roblox 中国地区发行及运营。此外，腾讯还申请注册了"天美元宇宙""王者元宇宙""和平精英元宇宙"等商标。腾讯本身也是全球知名游戏开发与运营服务商，游戏研发与运营处于行业前沿地位，在元宇宙游戏的开发方面也拥有先天优势。

在音乐方面，2020 年 11 月，腾讯投资虚拟现实演出服务商 Wave，双方将共同探索虚拟现实演唱会；同时，腾讯音乐将在旗下 QQ 音乐、酷狗音乐、酷我音乐、全民 K 歌等平台进行 Wave Show 的中国区转播。此外，双方还将共同为 TME live 开发高质量的沉浸式演唱会内容，为音乐爱好者提供全球优质音乐内容和创新的交互式虚拟音乐娱乐体验。2021 年 9 月，腾讯旗下 QQ 音乐与 Roblox 合作推出全球第一款沉浸式音娱类游戏《QQ 音乐星光小镇》，玩家可以在其中体验虚拟演唱会、新歌发布会、音乐节等活动。

在数字藏品方面，2021 年 8 月，腾讯旗下 NFT 数字藏品交易平台"幻核"正式上线，为用户提供访问、分享、购买 NFT 数字藏品服务。"幻核"首期推出 300 枚限量版"十三邀"黑胶唱片 NFT，每枚售价 18 元，上线不到 1 秒即售罄。

第八节　字节跳动：内孵外投，布局元宇宙全产业链

字节跳动通过"内部孵化+外部投资"的方式，布局元宇宙全产业链。目前，字节跳动已经在硬件、底层架构和内容等方面进行布局。

在硬件方面，字节跳动斥资 90 亿元收购 VR 硬件生产商 Pico，Pico 主营 VR 一体机的研发、生产、销售，在 VR 一体机领域处于国内领先地位，同时在海外也有极佳的表现。根据 IDC 数据，2021 年第一季度 Pico 的全球出货量位居第三，出货量同比增长 44.7%。此外，字节跳动还投资了光舟半导体，这是一家专注于衍射光学和半导体微纳加工技术的企业，该企业设计并量产了 AR 显示光芯片及模组，旗下还拥有半导体 AR 眼镜硬件产品。全息衍射光学被视为 AR 光学的未来，而 AR 光学又是 AR 硬件系统的核心。字节跳动对光舟半导体的投资，也是对增强现实、虚拟现实和元宇宙的布局。字节跳动和高通公司还将合作开发 XR 设备和软件，共同推动全球扩展现实生态建设。

在底层架构方面，字节跳动投资手游公司代码乾坤，该公司旗下《重启世界》是中国第一款全物理引擎开发的创作平台，

被称为"中国版 Roblox"。《重启世界》是基于代码乾坤自主研发的互动物理引擎技术系统开发的，主要包括物理引擎编辑器（PC）和游戏作品分享社区（App）两个部分，致力于打造完整的 UGC 创造、互动、社交生态链，提升用户的游戏娱乐体验。物理引擎编辑器是一个具备强大 3D 物理引擎功能的设计平台，它可以让普通玩家通过"所见即所得"的编辑模式，使用符合现实物理世界的"简单思维"进行创作。通过物理编辑器，玩家可以对模型素材进行变形和拼接，制作不同的场景、角色、物品等素材。玩家可以将自己创作的作品发布在《重启世界》App 互动平台上，供其他玩家观赏与游戏，哪怕只是开发出了相关的素材，也可以分享到素材平台上。另外，在这个互动平台上，玩家可以使用同一个角色登录到已上线的任意一款游戏中。

在内容方面，字节跳动拥有今日头条、抖音、西瓜视频、Tik Tok、Faceu 激萌、飞书、图虫等产品矩阵，覆盖全球 150 多个国家和地区，月活跃用户数高达数十亿，其流量全球化的优势非常明显。在社交领域，字节跳动还在国外上线元宇宙社交产品 Pixsoul，打造沉浸式虚拟社交平台。该产品主打 AI 捏脸，用户可以将捏好的头像分享给好友，还可以为自己的照片和视频添加特殊、有趣的效果。该产品提供了两种高清特效：一种是 Avatar，它能把用户的二维照片转变成 3D 形象，还可以塑造成游戏中的虚拟人物；另一种是 Facelab，它可以在用户的视频中添加人工智能过滤器，用户可以实时看到脸部的变化。字节跳动还推出元宇宙社交App"派对岛",在"派对岛"实景化的实时线上活动社区,用户可以在任何时候以自己的虚拟化身和朋友一起闲逛、互动、共同参加线上活动等。在游戏领域,字节跳动已经成立了超过1 000人的研发团队,旗下拥有Ohayoo、朝夕光年、Pixmain三大自有游戏品牌。此外,字节跳动还收购了游戏《红警OL》开发商的母公司北京止于至善科技公司,入股了麦博游戏以及《仙境传说RO:新世代的诞生》的开发商上海盖姆艾尔公司,收购了《无尽对决》的开发商上海沐瞳科技公司。此外,2021年11月,字节跳动还投资了数字孪生企业众趣科技,专注于云展厅和数字文旅等领域。2022年1月,字节跳动投资了虚拟人公司李未可科技,旗下虚拟人"李未可"已在抖音上拥有120多万粉丝,点赞量超过360万。

第九节 华为：推动基础设施建设，打造元宇宙技术底座

华为成立于1987年，是全球领先的信息与通信技术（ICT）解决方案供应商。华为依托自身5G技术优势，积极推动元宇宙基础设施建设，加快布局元宇宙各个关键环节。

一、持续推动增强现实、虚拟现实生态建设

1. VR眼镜持续迭代

华为早在2016年就发布了首款VR眼镜"HUAWEI VR"，并于2017年发布了支持手机、电脑和Cloud VR三种平台的终端华为VR 2头显。2019年，华为正式提出AR/VR战略，并在同年9月发布了首款轻薄VR眼镜——华为VR Glass，该眼镜采用轻量化设计，厚度只有26.6毫米（其他眼镜的厚度为70~80毫米），重量166克，仅是Oculus Quest重量的30%左右。该眼镜配置只有三段式折叠光路等超短焦光学系统，并能实现0~700度屈光调节，适合近视人群裸眼佩戴。屏幕方面采用1 058PPI（Pixels Per Inch，

像素密度)屏幕,创新动态渲染技术,改变画质拖影,减少眩晕感,在保证轻便的外观设计的同时,也能为全视角提供足够清晰、沉浸式的视觉体验。

2020年,华为在世界VR产业大会云峰会上发布了HUAWEI VR Glass 6DOF游戏套装,套装通过由外向内(Inside-out)定位方式,可以精准定位至毫米级精度,为消费者提供更加精准的交互体验。同时,HUAWEI VR Glass 6DOF游戏套装通过摄像头进行环境感知,划定安全区域,让用户能够放心地玩游戏。在操作体验上,它的触控设计更加符合人手自然交互的按键布局,配合手势按键,用户在VR游戏中的抓、握、按、压等各种交互与现实生活中完全一致,体验更具沉浸感,交互更自然。除此之外,它还配置了震动马达,给予用户更真实的震动感知。

2021年8月,华为联合韩国眼镜品牌Gentle Monster推出了Eyewear II 智能眼镜,包含金属光学、经典光学、墨镜、SMART设计四个系列。华为Eyewear II 智能眼镜配备了多传感器交互系统,具有3D触控功能,可滑动镜腿调节音量或切歌,双击即可接听电话、暂停播放或者呼出智慧助手,按压左镜腿还可以进行蓝牙匹配。

2. 推出XR专用芯片

2020年5月,华为海思发布XR芯片,推出首款可支持8K解码能力,集成GPU(图形处理器)、NPU(嵌入式神经网络处理器)

的XR芯片。该芯片支持8K硬解码能力,可以支持单眼42.7PPD(Pixels Per Degree,每度像素点数量)。以VR为例,人眼能达到的理想分辨率大约为60PPD,一般支持4KP60解码能力的芯片能支持的单眼分辨率为21.3PPD,等同于480P的电视显示效果,还远远达不到让人感到舒适和沉浸式的效果。此次海思发布的XR芯片对解码能力进行了提升,目的是提供更清晰的内容呈现效果。另外,它使用了海思半导体专有架构NPU,最高可以提供9TOPS的NPU算力。

二、推动5G建设卡位元宇宙基建

5G是元宇宙建设的关键技术之一,可以让人们在元宇宙中相互连接,因此元宇宙对数据传输的要求更高。华为作为5G龙头企业,也积极布局元宇宙后端基建。中国信息通信研究院《全球5G专利活动报告(2022年)》显示,截至2021年12月31日,全球声明的5G标准必要专利总量超过6.49万件,有效全球专利族超过4.61万项。其中,华为有效全球专利族数量位居第一,占比为14%,并远超排行榜第二位。华为在端到端5G标准的总体贡献超过全球所有企业,真正具备"网络+芯片+终端"的端到端能力。在2022年5月17日举行的2022年世界电信和信息社会日大会开幕式上,华为高级副总裁蒋亚非发表演讲并透露华为5G基站发货量已经超过120万个。而目前全球5G基站数量仅220万个,也就是说华为5G基站的份额已经超过50%。

此外,华为还发布了多款5G相关芯片,为5G提供技术支持。2019年1月,在华为5G发布会暨MWC2019预沟通会上,华为发布了5G基站核心芯片"华为天罡"和5G多模终端芯片"巴龙5000"基带芯片。华为天罡芯片是业内首款5G基站核心芯片,拥有超高的集成度和超强的运算能力,较以往芯片性能实现了2.5倍运算能力的提升。该芯片对AAU(有线天线处理单元)进行了升级,使基站尺寸减小50%以上,重量减轻23%,功耗节省达21%,单芯片可控制业内最高64路通道,支持200兆运营商频谱带宽,一步到位满足未来网络部署需求。巴龙5000采用单芯片多模的5G模组,能够在单芯片内实现2G/3G/4G/5G多种网络制式,从而有效地降低了由于多模间数据交换而产生的时延和功耗。同时,巴龙5000还在全球率先支持NSA(非独立组网)和SA(独立组网)组网方式,支持FDD(频分双工)和TDD(时分双工)实现全频段使用。在速率方面,巴龙5000率先达到了业界标杆的5G峰值下载速率,在Sub-6GHz(低频频段,5G的主用频段)频段实现4.6Gbps,而在毫米波(高频频段,5G的扩展频段)频段更是达到6.5Gbps,比4G LTE的传输速率快了10倍。

三、多措并举构筑元宇宙底层架构

在底层技术平台方面,华为于2019年推出了定位数据基础设施——河图 Cyberverse。这是一个基于空间计算算法和人工智能识别技术打造的虚实融合的超视觉体验服务平台，其核心能力包括 3D 高精度地图、全场景空间计算、强环境 / 物体理解、虚拟世界融合渲染等。在 3D 高精度地图方面，国家自然资源部于 2020 年 7 月 5 日公布，华为已具备甲级地图测绘资质和制作资质。华为已经具备全场景空间计算能力，能够使手机精确到厘米级定位，从而实现真实世界与物理世界的无缝融合。华为的强环境 / 物体理解能力将深度学习技术与地理位置信息深度融合，增强了手机对周边物理环境与物体的精准识别能力。在虚实世界融合渲染方面，华为拥有高精度的高清地图构建能力，能够使手机自动提取周围环境的特征信息，并自动生成多源多维的高清地图，从而实现对周边环境 3D 信息的精确采集。目前，华为河图已经落地一些初步应用场景，包括华为 AR 地图开启敦煌"飞天游"、南昌八一起义纪念馆 VR 智能化讲解体验、AR 眼镜呈现万年永宝展、华为 AR 地图解锁首钢园元宇宙世界等。

在引擎方面，华为于 2021 年 12 月正式发布了 AR/VR Engine 3.0。AR Engine 是一款用于在安卓系统上构建 AR 应用的引擎，包含 AR Engine 服务、AR Cloud 服务与 XRKit 服务。AR Engine 通过整合 AR 核心算法，提供了运动跟踪、环境跟踪、人体和人脸跟踪等增强现实的基础能力，通过这些能力可以更好地理解现实世界，为用户带来全新的视觉体验和交互方式。AR Cloud 服务负责存储和管理 3D 模型，其 3D 物体识别功能能够对在自然场景中具有丰富纹理的三维物体进行检测和跟踪。华为 XRKit 基于 AR Engine 提供场景化、组件化的极简 AR 解决方案，包括 AR 展示场景组件与 AR 人脸场景组件，通过这些组件可以快速接入华为 AR，实现虚拟世界与现实世界的融合。

在内容开发工具方面，华为推出 HUAWEI Reality Studio 多功能 3D 编辑器，它包含 3D 场景编辑、动画制作和事件交互等多种功能，能够帮助用户快速打造 3D 交互场景。3D 场景编辑功能提供丰富的扩展现实组件，包括相机、灯光等，支持移动、缩放场景中的模型，支持编辑模型的材质、贴图，美化模型外观。动画制作功能支持帧动画和骨骼动画播放，提供帧动画编辑器以快速制作帧动画，让模型动起来，使场景更加生动有趣。交互功能提供丰富的交互控件，通过控件触发动画和事件，让用户深入体验创作者的艺术灵感。HUAWEI Reality Studio 可以在教育培训、电商购物、娱乐等诸多领域中进行扩展现实的内容开发。当前，HUAWEI Reality Studio 仅能实现对模型的基础编辑，如果用户要实现建模，仍需要使用专业的建模软件。HUAWEI Reality Studio 的优点是，无须了解 3D 相关的知识就能很容易地开发 3D 互动场景。

四、发布元宇宙社交平台 Meta&Mate

2022 年华为云春季上新发布会上，华为正式发布元宇宙社交平台 Meta&Mate。在 Meta&Mate 中，用户可以通过手机、智能眼镜等设备进行面对面交流，同时华为为了解决社交场景的延时问题，在 SparkRTC 的基础上，打造"负时延"概念，推出灵魂感知服务，让双方的对话可以被提前感知。同时，华为还在 Meta&Mate 加入了华为云盘古大模型，提供人工智能应答功能，该功能可以根据用户的语言习惯，帮助用户提高表达能力，甚至可以让用户从"社恐"变成"社牛"。华为的 Meta&Mate 平台不同于其他公司的元宇宙平台，虽然都有社交属性，但 Meta&Mate 更偏向于商务办公方向。

第十节 百度:聚焦人工智能,打造元宇宙基础架构平台

百度是拥有强大互联网基础的人工智能公司,拥有全球领先的人工智能服务平台,基于自身人工智能优势,百度积极推进在元宇宙领域的布局,希望打造元宇宙基础架构平台,为希壤和其他元宇宙产品提供人工智能和云计算等技术引擎。

一、基于人工智能开放平台,打造技术引擎

自2010年起,百度开始全面布局人工智能核心技术。目前,集合了百度多年的人工智能技术积累和产业实践的百度大脑已经成长为全球领先的人工智能平台,拥有近1 397项开放能力,包括语音识别和文字识别等335项场景化能力、飞桨企业版EasyDL和BML、智能对话定制平台UNIT、AI学习与实训社区AI Studio以及实现算法与硬件深度整合的软硬一体产品项目等。目前,百度已经形成全方位的人工智能生态体系,从搜索引擎到人工智能芯片、人工智能开源算法、智能驾驶等人工智能应用场景的全方

位布局，以百度大脑为底层技术核心引擎，在百度昆仑芯片、飞桨深度学习平台、DuerOS 平台与智能硬件的加持下，持续深化人工智能技术在 B 端商业化。同时，通过人工智能赋能云服务，以百度智能云为载体，加速人工智能在智慧工业、智慧金融、智慧城市、智慧医疗等各行业领域落地。IDC 数据显示，2020 年百度智能云在 AI 公有云市场份额为 33%，排名第一。[①]

此外，百度人工智能开放平台还不断对百度增强现实、虚拟现实进行赋能。在增强现实方面，提供视觉定位与增强 SDK 和增强现实导航导览 SDK，帮助用户锁定目标的空间位置并精准叠加增强现实内容，结合地图路径规划能力，轻松实现室内场景创作中心导航导览。在虚拟现实方面，面向开发者提供 VR suite 开发者套件、VR 创作中心、VR 播控系统等。VR suite 开发者套件包含开发工具集 SDK、展示 SDK、Cloud VR、深度算法等，可以降低开发者的虚拟现实内容制作门槛，提高内容展示效果。VR 创作中心拥有专业、全面的 3D 环物、3D 模型、全景图、全景视频、景深漫游等虚拟现实内容编辑创作工具，可以生成在手机和 VR 头显上体验的 3D 化、交互式、沉浸式的虚拟现实内容。VR 播控系统横跨头显、平板电脑、PC 电脑等多终端设备，为包括教育、党建在内的各行业虚拟现实解决方案提供虚拟现实设备管理、播放控制、投屏展示、权限管理等基础能力。

---

① IDC. 中国 AI 云服务市场 2020 年度研究报告 [R/OL].

二、百度 VR 和爱奇艺奇遇两端发力 VR 硬件

百度硬件包括百度 VR 和爱奇艺奇遇系列 VR 两个方面：百度 VR 面向企业端，助力产业数字化升级，爱奇艺奇遇系列 VR 面向消费者端，提供影音及游戏等娱乐体验。百度 VR 一体机兼容多种主流内容格式，4K LCD 屏超清还原画面细节，同时采取智能 AI 语音技术，实现人性化交互，操作简单。爱奇艺 VR 眼镜也相继推出了奇遇 1、奇遇 2、奇遇 2S、奇遇 2 Pro、奇遇 3、奇遇 Dream Pro 等 VR 一体机产品。虚拟现实硬件设备持续迭代升级，并取得了全球首款 4K VR 一体机、独家定制 iQUT 观影标准、全球首个"5G+8K"VR 直播、国内首个 CV（计算机视觉技术）头手 6DoF VR 交互技术等技术突破。

三、探索虚拟内容场景的多种打开方式

百度依托自身技术优势，持续推动人工智能、智能云、虚拟现实、增强现实等技术在各行业应用场景的落地，积极探索 VR 浏览器、VR 营销购物、3D 美拍、元宇宙社交、NFT 产品等多种虚拟内容。

在浏览器方面，百度早在 2016 年就推出全国首款 VR 浏览器——百度 VR 浏览器，该浏览器是为用户提供全网最全 VR 资源（包括直播、视频、图片等）的内容聚合平台。该浏览器支持

VR、3D、IMAX等多种观看模式，用户佩戴VR眼镜，即可访问VR热站，观看VR直播、3D大片、VR视频、全景图等。

在营销方面，百度在2019世界VR产业大会上发布了VR营销平台"蓬莱"，该平台主要面向汽车、珠宝、快消品、家居等多个领域，以3D环物营销场景为核心，帮助商家高效、快速地生成产品的高清3D环物图组，并能在PC或移动端页面上展示，实现产品虚拟现实内容的快速、低成本制作，从而为消费者带来高质量的线上虚拟现实购物体验。

在图像拍摄方面，百度上线百度美拍3D App，智能联动3D环物采集硬件，一键拍摄360度环物体图组，自动抠图，上传云端，快速生成物体的3D展示效果，全方位还原物体的各角度细节，让物体变得更加立体、真实。

在社交方面，2021年12月，百度发布了元宇宙社交App希壤，可同时容纳10万人同屏互动。在希壤中，用户可以创建虚拟化身，并且可以在虚幻的世界中拍照打卡，还可以与朋友通过视频、语音沟通交流。希壤所采用的智能Avatar、智能语音助手、虚拟地图导航等技术也为用户带来了更好的沉浸式体验。

在数字藏品方面，2022年1月，百度旗下区块链品牌百度超级链宣布上线其首个数字藏品平台，提供数字藏品的发行、分享服务，上线后便推出了一系列数字藏品，比如博物馆系列千手观音、珍藏版天坛瑞兽以及特邀艺术大师韩美林创作的冰雪溢彩、壬寅康祥等。

第十一节　阿里巴巴：加速布局元宇宙，构建以电商为核心的内容场景

作为国内最大的电子商务公司，阿里巴巴基于自身阿里云算法优势和电子商务平台用户优势，积极布局元宇宙硬件和底层技术，并以电商为核心构建 VR 购物、数字虚拟营销、NFT 数字藏品等内容和场景。

在硬件方面，阿里巴巴主要通过投资相关硬件企业进行布局，其对元宇宙硬件相关投资可以追溯到 2016 年。2016 年，阿里巴巴投资 AR 公司 Magical Leap；2017 年投资 AR 眼镜公司 Lums；2022 年 3 月，阿里巴巴斥资 6 000 万美元投资国内知名消费级 AR 眼镜制造商 Nreal。

在底层基建方面，阿里云作为全球第三、国内领先的云服务商，拥有从自研芯片、服务器等硬件到阿里灵杰 AI+ 大数据软件及云钉一体的应用层的综合产品体系，[1] 在布局元宇宙的流量、算法等方面具有一定优势。2020 年 3 月，阿里达摩院成立

---

[1] 华龙证券.互联网行业专题研究报告：元宇宙——下一代互联网的终极形态 [R/OL].

XG实验室，致力于下一代云网端融合架构下的未来操作系统以及着力于新一代移动计算平台的研究。XG实验室将在超高清视频、在线办公、增强现实、虚拟现实、工业互联网、智能物流、自动驾驶等场景研究与5G时代相适应的视频编码技术、网络传输协议等，并制定相关技术标准规范。2021年9月，阿里云游戏事业部发布全新品牌"元境"，"元境"是为游戏研发商、发行商及游戏生态伙伴提供全平台、全终端、全场景的云游戏PaaS平台及全生命周期的游戏开发者平台，拥有自主研发的串流、全平台游戏容器、云边协同弹性调度等多个关键技术。2021年12月9日，阿里100%持股的元境先生（北京）科技有限公司成立。

在内容和场景方面，作为全球知名电商企业，阿里巴巴依托电商场景进行积极布局。购物方面，2016年11月，淘宝上线VR购物"Buy+"计划，优化用户购物体验。用户可以与虚拟世界中的人和物进行互动，甚至还可以把现实生活中的场景虚拟化，使其成为一个可以互动的商品。广告营销方面，天猫积极探索"数字人+数字藏品+数字交互媒体"模式的数字虚拟营销。2021年9月，虚拟数字人AYAYI入职阿里巴巴，担任"天猫超级品牌数字主理人"。同年11月，AYAYI以数字策展人身份亮相"天猫双11首届元宇宙艺术展"，与巴宝莉、自然堂、小鹏汽车、五粮液等品牌共同发布了8款限量版数字藏品。未来，AYAYI还将解锁NFT艺术家、数字策展人、潮牌主理人、顶流数字人等多种身份。数字藏品方面,2022年2月,蚂蚁集团依托蚂蚁链技术,推出集数字藏品购买、收藏、观赏以及分享于一体的数字藏品平台"鲸探"。

第十二节　网易：持续加码，打造多元化元宇宙解决方案

作为国内知名互联网企业和游戏开发商，网易也在积极布局元宇宙赛道。目前，网易已注册"网易元宇宙""雷火元宇宙""伏羲元宇宙"等商标，并与三亚市政府签署战略合作协议，将在三亚建设网易元宇宙产业基地。目前，网易在人工智能、虚拟现实、增强现实、云服务及存储、UGC 游戏、虚拟社交、数字藏品、虚拟沉浸活动、虚拟人开发及经营、数字营销等多个技术及产品领域均已有所布局。

在技术方面，网易在人工智能、区块链、增强现实、虚拟现实等元宇宙相关底层技术方面拥有国内领先的技术储备，旗下拥有网易伏羲、网易云信、网易洞见等技术平台，具备探索和开发元宇宙的技术和能力。

网易伏羲是国内专业从事游戏与泛娱乐人工智能研究和应用的顶尖机构，拥有数字人、智能捏脸、人工智能创作、人工智能反外挂、人工智能对战匹配、人工智能竞技机器人等多项行业领先技术。

网易云信专注于互联网络技术的研发，它可以让开发者通过简单集成客户端 SDK 和云端开放 API（应用程序接口），快速实现强大的移动互联网 IM（即时通信）和音视频功能。网易（杭州）副总裁、网易智企总经理阮良在网易智企主办的 2021 网易创新大会上，发布了网易云信"IM+RTC+虚拟人"和"游戏/VR 语音"两大元宇宙解决方案。"IM+RTC+虚拟人"解决方案可以提供行业内首个"虚拟形象+实时互动"融合 SDK，一个 SDK 即可实现两大元宇宙核心技术。它不但能够生动地再现虚拟人形象，而且借助于网易云信全球智能路由网络 WE-CAN 的实时传输能力，还可以实现虚拟人的实时互动，助力企业用户零门槛迈出元宇宙第一步。值得一提的是，通过端上实时捕捉、云上实时驱动，网易云信的"IM+RTC+虚拟人"解决方案可以大大降低双端算法性能负担，用户不需要穿戴任何设备，即使使用千元机也可以感受元宇宙的世界。"游戏/VR 语音"解决方案是一种可以在游戏场景中实现 VR 语音、VR 消息、范围语音、语音变声、语音转文字、内容反垃圾等完整功能的综合性游戏通信解决方案。网易云信首创 720 度空间语音效果，与系统的 360 度语音系统不同，它使得垂直方向上的音频感受进一步丰富，同时结合语音收发端 720 度转向场景，让玩家在游戏中获得与现实中一样的通话感受和交流体验。

网易洞见是国内先进的 AR 内容创作管理平台，拥有激光视觉融合建图、空间定位与语义化、统一描述语言、可视化空间编辑工具、多硬件兼容性等技术优势，能够为 AR 创作者提供集全栈技术能力、可视化编辑工具、高效 AR 内容创作及分发于一体的一站式工作流，推动 AR 内容生态蓬勃发展。此外，网易还自主研发了 Messiah、NeoX 两款引擎，为多款游戏产品提供技术支持。

网易还积极探索元宇宙相关内容场景，在游戏、社交、数字藏品、沉浸式活动、虚拟人、数字营销等方面均有所布局。在游戏方面，网易作为知名的游戏开发商，在 MMORPG（大型多人角色扮演游戏）领域深耕多年，在构建元宇宙社会、经济模型等方面积累了丰富经验。网易推出的游戏编辑器"河狸计划"允许玩家根据编辑器提供的现成素材，自主创作游戏。玩家可以随意设定关卡、地图、事件等，可以轻松编辑 MOBA（多人在线战术竞技游戏）、吃鸡、自走棋、非对称竞技、跑酷、解谜、RPG（角色扮演游戏）、塔防等多种玩法。编辑器极大地简化了游戏制作过程，降低了制作难度，玩家只要按照新手教程操作，10 分钟内就可以轻松制作出一款拥有成熟玩法的游戏，并能将游戏一键发布到手机端的多个平台。

在社交方面，网易投资了社交平台 IMVU 和元宇宙社交应用 BUD。IMVU 是世界上最大的虚拟角色社交平台，拥有数百万用户，用户可以自定义头像，探索 4 000 个房间和目的地，还可以通过在上面举办活动进行互动。BUD 是一款 UGC 社交平台应用，相比于 IMVU，BUD 更注重社区营建，更加凸显玩家的主动性和创造性。另外，云原生、无代码的 3D 创作工具大幅降低了用户 3D 创作的门槛，使用户在零基础的状况下，也能通过 BUD 内嵌的几何模块、互动道具构建出 3D 互动场景。BUD 在降低创造门槛的同时，能够让用户更加高自由度地创建个性化 3D 交互内容。同时，玩家还能与好友在平台内跑酷、剧本杀、玩音游等，度过休闲时光。

在数字藏品方面，网易推出了网易星球数字藏品平台，旨在延展艺术收藏的边界，使其超越实体空间的限制，延伸至数字世界。网易星球在为 IP 方提供数字藏品的合约铸造、产品营销、用户管理等服务的同时，也为藏家提供了数字藏品的二次创作、兑换、购买、赠送以及收藏、分享等服务。目前，网易星球已推出文创手办、艺术二创、品牌礼盒等多种形式的数字藏品。

在沉浸式活动方面，网易伏羲研发了以用户体验为核心的多场景、强互动、沉浸式虚拟活动平台——网易瑶台，致力于通过人工智能与科技创新打造全新的线上活动模式。基于网易伏羲领先的人工智能技术，用户可以随心打造专属虚拟形象，并实时控制虚拟人物面部表情和肢体动作，自主操作虚拟人物，使其在拟真场景中面对面畅聊、互动，获得超越现实的沉浸式体验。活动主办方也可以量身定制虚拟活动场景和会务功能，满足多样化活动需求。网易瑶台还创新了"线上＋线下"场景融合新模式，推出"元宇宙数字艺术品展览方案"，为传统艺术展提供了一个全新选择，通过虚实相融的交互体验打破时空的界限，在观众与艺术品、艺术家之间迅速建立连接，助力疫情常态化下各类艺术展览实现虚实融合的创新发展。网易瑶台已经应用于线上发布会、大型会议、展览展会、艺术展、拍卖会等众多场景，服务案例包括 2022 中国国际大数据产业博览会、网易云音乐 IPO 大会、河南智慧文旅大会、MCON Festival 首届品牌元宇宙营销沉浸式峰会、2022 "生态守护映像"沉浸式公益生态摄影展等。

网易还积极布局虚拟数字人，并借势助力品牌营销。在虚拟数字人方面，网易通过独立运营、联合运营、代理等方式，打造了多元化虚拟数字人 IP 矩阵。网易作为国内龙头游戏企业，拥有庞大的虚拟游戏角色资源，并持续深入进行虚拟数字人的开发与运营。网易还投资了世悦星承、次世文化等虚拟数字人公司，共同构建庞大的虚拟数字人资源库。同时，网易借助虚拟数字人助力品牌营销，与品牌商共创元宇宙的"人—货—场"。目前，网易已经与伊利植选、植村秀、麦当劳、上汽奥迪、王老吉等多家品牌联合推出了元宇宙相关营销活动。在 2022 年北京冬季奥运会期间，网易传媒以"京韵"为内核，为伊利植选策划品牌大片《京韵冬奥，植选登场》，邀请京剧裘派嫡系第四代传承人裘继戎与次世文化旗下中国首位国风超写实虚拟人"翎 –Ling"合作，解锁了冰雪营销的新方式。2022 年，网易还将继续加大投入，推出诸如"虚拟恋人"微综艺、"宇宙好物推荐官"种草栏目、元宇宙运动会 / 烟火会等多元化元宇宙项目。

第九章

重构企业生态,迎接"元宇宙经济"

第九章 重构企业生态，迎接"元宇宙经济"

第一节 国内外企业布局元宇宙的主要路径

业界普遍认为，元宇宙是互联网的终极形态，也是继移动互联网之后的新风口和数字经济发展的新引擎。据彭博社预测，到2024年，元宇宙市场规模有望达到8 000亿美元，在2030年或将达到2.5万亿美元。从全球巨头对元宇宙领域的整体布局来看，目前元宇宙尚未形成一个统一的有广泛共识的概念，各大企业布局元宇宙的路径也各不相同。

一、前端硬件

从PC时代到移动互联时代，再到万物互联时代，乃至如今的元宇宙时代，硬件设施不断升级迭代。在PC时代，终端以台式计算机为主；在移动互联网时代，智能手机、平板等便携式移动终端作为主要载体；在以物联网为代表的万物互联时代，智能音箱、智能手环、智能车载、智能眼镜等设备成为主流。而到了元宇宙时代，沉浸式虚拟世界对于硬件的要求明显提高，硬件升级迭代成为必然趋势，以扩展现实技术为支撑的AR/VR眼镜、体感设备等智能硬件将成为元宇宙的主流硬件。根据 IDC 发布的《2021 年第四季度全球 AR/VR 头显市场季度跟踪报告》，2021 年全球 AR/VR 头显出货量达 1 123 万台，同比增长 92.1%，其中 VR 头显出货量达 1 095 万台，突破年出货量 1 000 万台的行业重要拐点。2021 年是 AR/VR 头显市场继 2016 年后再度爆发的一年，这也印证了 2021 年作为元宇宙元年的时间点，元宇宙概念对 AR/VR 头显市场起到了重要的推动作用。众多企业也将 XR 硬件作为布局元宇宙的重要切入点。Meta 收购 Oculus，并加大 AR/VR 领域的投资，布局虚拟现实设备，目前已经具备千万级销量终端 Quest 2，并逐步探索新的输入场景。同时，Meta 也积极布局体感设备，与雷朋合作推出的 Ray-Ban Stories 智能眼镜搭载了双 500W 像素摄像头，采用触控操作，内置扬声器和麦克风，支持拍照、录像、听音乐、语音通话等功能。另外，在如何复刻现实世界的触觉感知、迎接 AR/VR 和元宇宙人机交互革命这个重大挑战方面，Meta 于 2021 年 11 月推出的触觉感知手套，通过复刻现实世界的触觉感知，开启了人们通往元宇宙的一种更具真实感、超越视觉与听觉的新方式。苹果公司宣称正在设计开发 100% 专注于增强现实技术的 AR 眼镜，计划于 2022 年年底发布原型机，预计 2024 年下半年实现量产。字节跳动斥资 90 亿元收购 VR 硬件厂商 Pico，补足硬件短板。爱奇艺推出全球首款 4K 分辨率移动 VR 设备爱奇艺 4K VR 奇遇一体机。中国移动也发布了首款消费级 AR 眼镜 NreaAir。

二、后端基建

未来元宇宙将会发展成为超大规模、开放性极强、动态优化的复杂系统,而这一系统的发展离不开数字技术基础设施的支持。目前,已经有部分企业依托自身资源优势,围绕 5G、算力与算法、云计算、芯片、数字孪生等方面进行元宇宙基础设施建设。

在 5G 方面,华为、中国移动、中国联通、中国电信、亚马逊等国内外企业积极推进 5G 基础设施建设,为元宇宙提供高速度、低延时、大带宽的数据传输通道。例如,搭建 5G 专用网络的 Amazon Private 5G,可以让用户快速部署和管理 5G 专网。

在算力与算法方面,中国移动正在加紧部署算力网络,未来将建立一个泛在融合的算力网络,打造一点接入、即取即用的算力服务,从而实现网络无所不达、算力无所不在、智能无所不及的愿景。此外,Unity 发布云端分布式算力方案,包括云烘焙(Cloud Bake)、Unity 云端分布式资源导入与打包、大模型数据云端轻量化三个方面,充分利用了高并发的云计算资源,提升创作者开发效率,加速项目迭代。而阿里云、腾讯云以及亚马逊 AWS 云等,则是依托强大的云计算能力,为元宇宙发展提供安全、可靠的数据处理能力。

在芯片方面,高通公司早在 2018 年就在全球率先推出了专门用于 XR 设备的芯片骁龙 XR1,在 5G 时代到来之后,高通又推出了骁龙 XR2 平台,支持 5G 网络连接功能,CPU、GPU 性能也都得到了大幅提升,同时还提升了 4 倍视频带宽能力、6 倍视频分辨率、11 倍 AI 性能,这些性能的提升使得基于 XR2 平台打造的设备可以在更短的时间内完成网络连接,并且延迟更低,极大地降低了佩戴 XR 设备时带来的眩晕感。2020 年 5 月,华为海思发布了 XR 芯片平台,推出首款支持 8K 解码能力、单眼 42.7PDD、集成 GPU 和 NPU 的 XR 芯片。该芯片使用了海思半导体专用架构 NPU,最高可以提供 9TOPS 的 NPU 算力;同时,它还拥有顶级的解码能力,能够呈现更加清晰的内容显示效果。2021 年 10 月,字节跳动关联公司北京量子跃动科技有限公司先后投资了深圳光舟半导体(AR 眼镜的核心显示技术光波导系统的提供商)及上海云脉芯联(专注于数据中心网络芯片研发),继续布局 AR 硬件及大数据中心和云计算基础设施网络互联芯片领域。

在数字孪生方面,亚马逊的 Amazon IoT TwinMaker 为开发者提供了数字孪生服务,它能够让开发人员更加轻松、快捷地创建现实世界的数字孪生,比如楼宇、工厂、工业设备和生产线。

三、底层架构

企业在底层架构的布局主要体现在引擎、开发平台/工具、虚拟货币等方面。Meta、亚马逊、Unity、字节跳动、腾讯、华为等企业通过自研、投资、收购等多种方式布局引擎开发。Meta

早在 2014 年就已经收购了游戏开发引擎 RakNet，并将其技术转为开源，为 Oculus 提供更多的工具。亚马逊游戏引擎 Amazon Lumberyard 拥有强大的渲染技术和创作工具，可以帮助用户完成游戏渲染方面的制作；AR/VR 开发平台 Amazon Sumerian 提供现成的场景模板和拖放工具，用户可以通过简单的程序构建出一个能够在增强现实、虚拟现实实际应用中使用的 3D 模型；无代码机器学习平台 Amazon SageMaker Canvas 降低了机器学习的门槛，用户无须学习机器学习的代码，便可在平台上获得精准的机器学习预测。Unity 游戏引擎为开发者提供实时 3D 互动内容创作平台，开发者可以在平台上构建各种 AR/VR 互动体验。字节跳动投资物理引擎开发商代码乾坤，收购端到端直播方案提供商维境视讯，基于核心技术提供虚拟现实端到端直播/点播解决方案。腾讯投资 Epic Games、Snap，布局虚拟现实和增强现实生态，Epic Games 的虚幻引擎 Unreal Engine 可以帮助渲染虚拟世界，Snap 则能够协助腾讯打造镜像世界。华为推出 AR Engine，用于安卓系统构建增强现实应用，并利用华为河图技术实现"智慧城市"虚实融合全新交互体验，开创智慧城市元宇宙发展新维度。英伟达开发了一个开放式平台 Omniverse，用于虚拟协作和实时模拟，通过此平台用户能够将主要设计工具、资产和项目连接起来，在共享的虚拟空间进行协作和迭代。

在虚拟货币层面，Roblox 平台以虚拟货币 Robux 为核心构建独立的经济系统，虚拟货币为玩家在游戏内的消费和开发者创作激励提供支持，并可实现虚拟货币与美元的兑换。

四、内容场景构建

正如移动互联网时代的短视频、直播等颠覆了文字、图片的内容形式，元宇宙的发展也会带来新的内容形态，通过优质的内容和场景构建吸引更多的用户，以打破移动互联网用户数量瓶颈，实现用户量级突破。发力元宇宙的各大企业也开始从内容出发，打造符合元宇宙特点的内容和场景。

从全球企业布局来看，Roblox 是全球最大的多人在线游戏平台，在 UGC 生态的基础上建立了商业闭环，为游戏开发人员提供工具和服务，帮助其在平台上发布游戏。平台借助游戏吸引玩家购买和体验，并将一部分收入反馈给开发者，以此来激发开发者的创作积极性，从而提高平台的用户规模和活跃度。Meta 通过收购虚拟现实公司和游戏工作室，不断丰富虚拟现实场景的内容制作能力。同时，Meta 开发了一系列适应 VR 硬件终端的社交应用，包括提供虚拟居家场景的 Horizon Home、虚拟远程会议和办公的 Horizon Workrooms，以及具有自主创作的游戏社交平台 Horizon Worlds，让虚拟现实中的社交参与度更加深入和广泛。微软以 687 亿美元收购游戏制作公司动视暴雪，同时也在世界级的内容、社区和云等方面加大投入，从而开创一个将玩家和创作者放在首位的游戏新时代，让游戏更加安全和包容，使所有人都可以体验游戏。

从国内来看,将产品与当下正当红的元宇宙概念结合,抢占新风口,也成为国内众多企业的选择。腾讯通过"内部孵化+外部投资"布局"元宇宙"。在内部孵化方面,申请注册"王者元宇宙""天美元宇宙"商标,探索游戏与社交的深度结合;在对外投资方面,投资 Roblox 并代理其中国版本,入股迷你玩科技,投资元宇宙平台、著名游戏开发团队、《堡垒之夜》的开发商 Epic Games。阿里巴巴早在 2016 年就推出"Buy+"计划,布局虚拟购物,2021 年推出超写实数字人 AYAYI,通过虚拟员工助力电商破局。百度推出虚拟世界 App 希壤,用户可以创建虚拟角色,参加会议、进行社交、观看展览等。字节跳动入股元宇宙游戏《重启世界》的开发商代码乾坤,布局元宇宙游戏;投资数字孪生企业众趣科技,专注于云展厅和数字文旅等领域;投资虚拟人公司李未可科技,旗下虚拟人李未可在抖音上拥有 120 多万粉丝;在海外上线元宇宙社交软件 Pixsoul,推出实景化实时线上活动社交 App"派对岛",上线新的搜索产品"悟空搜索",打造"灵选"游戏社区。网易推出"河狸计划"原创游戏社区,提供低门槛游戏开发工具,并投资全球最大的虚拟角色社交平台 IMVU。完美世界在 2021 年年报明确表示,公司将从"依托现有游戏,实现元宇宙早期积累"到"借助开发中的新游戏,实现元宇宙更深层次的积累",再到"元宇宙在游戏上的终极呈现"这三个阶段来逐步推进公司在元宇宙游戏方面的布局。中国移动旗下咪咕发布了元宇宙演进路线图，主要聚焦在超高清视频、视频彩铃、云游戏、云 VR、云 AR 五大方向。中国电信旗下全资子公司天翼爱音乐推出元素实验室——面向"元宇宙的像素"，以及元音实验室——面向"元宇宙的声音"，在元宇宙时代的音乐短视频领域发掘更多的可能性。中国联通沃音乐研发出云创数字人创作系统，应用于虚拟世界内容制作、虚拟 IP 打造，以及虚拟智能助手等业务领域。

表 9-1　国内外部分企业元宇宙业务布局情况

企业	企业类型	元宇宙布局方向	元宇宙相关业务进展（典型事件）
Meta	社交服务平台	前端硬件、底层架构、内容场景构建	推出 Oculus Quest VR 一体机、Oculus Quest 2 VR 一体机等 VR 头显设备、Ray-Ban Stories 等智能眼镜以及触觉手套；收购 Beat Games、Play Giga、Ready At Dawn、Downpour Interactive 等游戏开发商布局游戏；推出 Facebook Horizon 社交和工作平台等。
苹果	领先的消费电子公司	前端硬件、内容场景构建	自主研发仿生芯片；收购 VR 直播公司 NextVR 和虚拟会议公司 Spaces；计划发布首款 AR 眼镜。
微软	电脑软件服务商	前端硬件、后端基建、底层架构、内容场景构建	先后推出 HoloLens 1、HoloLens 2 AR 眼镜以及 VR 触觉控制器 X-Rings；联合 Unity 推出面向混合现实应用程序的开源跨平台开发工具包 MRTK；收购游戏制作公司动视暴雪。
腾讯	互联网综合服务提供商	前端硬件、后端基建、底层架构、内容场景构建	投资 AR 眼镜公司 Innovega 以及手部追踪公司 Ultraleap；投资游戏制作公司 Epic Games、UGC 游戏平台 Roblox；腾讯音乐与 VR 演出服务商 Wave 达成战略合作。

续表

企业	企业类型	元宇宙布局方向	元宇宙相关业务进展（典型事件）
字节跳动	新闻聚合应用与娱乐视频应用研发商	前端硬件、底层架构、内容场景构建	收购VR设备生产商Pico；投资游戏开发代码乾坤、虚拟人公司李未可科技；投资数字孪生企业众趣科技，专注于云展厅和数字文旅等领域；上线Pixsoul社交软件，推出社交App"派对岛"；上线新的搜索产品"悟空搜索"；打造游戏社区产品"灵选"。
华为	全球领先的ICT基础设施和智能终端提供商	前端硬件、后端基建、底层架构、内容场景构建	发布VR Glass；自主研发鸿蒙系统和海思XR专用芯片；推出华为河图，利用河图技术实现"智慧城市"虚实融合全新交互体验，开创智慧城市元宇宙发展新维度；发布元宇宙社交平台Meta&Mate。
英伟达	以设计智核芯片组为主的无晶圆IC半导体公司	底层架构	推出NVIDIA Omniverse平台，改变个体进行创作和开发的方式，以及团队协作方式，为每个组织中的每个人和每个项目带来更多创意，并可助力这些人和项目提升效率。
谷歌	基于互联网搜索的跨国科技公司	前端硬件、后端基建、内容场景构建	推出Google Glass AR智能眼镜；收购加拿大眼镜公司North；研发Project Starline的通信技术；与NBA合作推出元宇宙项目Google Pixel Arena。
百度	拥有强大互联网基础的领先AI公司	前端硬件、后端基建、底层架构、内容场景构建	推出爱奇艺奇遇VR系列，搭载足够丰富的VR内容生态；推出虚拟世界App希壤，以及国内首款VR浏览器；百度AI开放平台提供全球领先的语音、图像、NLP等多项人工智能技术。
阿里巴巴	综合互联网公司	前端硬件、后端基建、内容场景构建	推出AR硬件Magic Leap One；投资以色列AR眼镜公司Lumus；阿里达摩院成立XG实验室，为虚拟现实、增强现实等场景研发与5G时代相适应的视频编解码技术、网络传输协议等；淘宝"Buy+"利用VR技术，还原购物场景；阿里巴巴推出国内首个超写实数字人AYAYI，布局元宇宙营销。

续表

企业	企业类型	元宇宙布局方向	元宇宙相关业务进展（典型事件）
亚马逊	零售商及云技术公司	后端基建、底层架构、内容场景构建	亚马逊 AWS 云拥有全球最顶尖的云计算算力，亚马逊以云计算为核心，形成了丰富的元宇宙开发矩阵，包括游戏引擎 Amazon Lumberyard、AR/VR 开发平台 Amazon Sumerian、无代码机器学习平台 Amazon SageMaker Canvas、搭建 5G 专用网络的 Amazon Private5G 和数字孪生服务的 Amazon IoT TwinMaker；内容场景方面，积极推动 XR 技术与电商业务的结合，推动 AR 购物发展。
高通	全球领先的无线科技创新者	后端基建、内容场景构建	推出了为 XR 设备设计的专用芯片骁龙 XR2 平台；高通创投对领先的 XR 公司进行风险投资，为打造丰富的 XR 体验的应用提供资金，这些应用包括游戏、健康、媒体、娱乐、教育和企业级应用。
Unity	游戏引擎开发商	后端基建、底层架构	Unity 自有游戏引擎，为开发者提供实时 3D 互动内容创作平台，开发者可以在平台上构建各种增强现实和虚拟现实互动体验；发布云端分布式算力方案，包括云烘焙（Cloud Bake）、Unity 云端分布式资源导入与打包、大模型数据云端轻量化三个方面。
Roblox	UGC 游戏开发商	底层架构、内容场景构建	通过"UGC 游戏平台+沉浸式社交属性+独立经济系统"模式确立元宇宙概念。
中国移动	移动通信运营商	前端硬件、后端基建、内容场景构建	发布首款消费级 AR 眼镜 NreaAir；旗下咪咕公司公布了元宇宙演进路线图，将主要聚焦在超高清视频、视频彩铃、云游戏、云 VR、云 AR 五大方向；在"5G+MSC""5G+视频彩铃""5G+云游戏""5G+XR"四大领域投入更多资源；通过"5G+MSC"，打造体育领域的元宇宙；通过"5G+云游戏"，打造数智竞技全球标准；布局"5G+视频彩铃"，实现三网互联互通；通过"5G+XR"，赋能行业创新体验。

续表

企业	企业类型	元宇宙布局方向	元宇宙相关业务进展（典型事件）
中国联通	移动通信运营商	后端基建、内容场景构建	上线全新的虚拟通信平台中国联通元宇宙App，期望打造元宇宙内容生产厂牌，推动虚拟现实产业加速前行，打牢数字底座基础；打造5G精品网、千兆宽带网和一体化算网服务体系以及为虚拟现实产业铺就虚实相通的新高速、推动"5G+MR"融合应用；联通沃音乐研发出云创数字人创作系统，应用于虚拟世界内容制作、虚拟IP打造，以及虚拟智能助手等业务领域；致力于涵盖直播、内容生产、线上线下等领域的多形式创新与布局，打造元宇宙内容生产厂牌。
中国电信	移动通信运营商	后端基建、内容场景构建	中国电信子公司新国脉正式宣布启动"盘古计划2.0"，定位元宇宙新型基础设施建设者，全面卡位元宇宙赛道；中国电信旗下全资子公司天翼爱音乐加速科技创新，推出元素实验室——面向"元宇宙的像素"，以及元音实验室——面向"元宇宙的声音"，将在元宇宙时代的音乐短视频领域探索更多可能。
网易	互联网技术公司	后端基建、底层架构、内容场景构建	网易推出"河狸计划"原创游戏社区，提供低门槛游戏开发工具，并投资计算机与通信技术类公司Improbable，其云计算平台SPATIALOS允许第三方建立大型虚拟世界；网易还投资了全球最大的虚拟角色社交平台IMVU和元宇宙社交应用BUD，布局元宇宙社交；发布网易云信"IM+RTC+虚拟人"和"游戏/VR语音"两大元宇宙解决方案；网易瑶台推出"元宇宙数字艺术品展览方案"。
莉莉丝	移动手游开发商	底层架构、内容场景构建	莉莉丝内部正在开发对标Roblox的UGC创作平台，发起带有UGC编辑器功能的"达芬奇计划"；投资人工智能团队"启元世界"，研发用于在线游戏的认知决策智能技术；在游戏方面已经投资或并购了心动网络、萌娱科技、盖娅互娱、香蕉狗、胖布丁游戏、方趣网络、奥义游戏、荆甲网络、启元世界、念力科技等。

续表

企业	企业类型	元宇宙布局方向	元宇宙相关业务进展（典型事件）
Epic Games	VR游戏开发商	底层架构、内容场景构建	虚幻引擎持续更新迭代，在内容场景构建方面，在《堡垒之夜》举办多场虚拟演唱会。
昆仑万维	游戏及互动娱乐公司	内容场景构建	2021年通过Opera GX移动端和GXC云游戏社区平台等主要研发项目，进行元宇宙业务布局；昆仑万维在年报中表示，2021年游戏浏览器Opera GX作为元宇宙的入口在用户增长上持续发力，截至报告期末，Opera GX月活跃用户已超过1 400万，较2020年增长100%。
完美世界	游戏及互动娱乐公司	内容场景构建	完美世界表示元宇宙需要极为扎实的技术实力及技术积累，并明确了公司将从"依托现有游戏，实现元宇宙的早期积累"，到"借助开发中的新游戏，实现元宇宙更深层次的积累"，再到"元宇宙在游戏上的终极呈现"三个阶段来逐步推进在元宇宙游戏方面的布局。
三七互娱	网页游戏运营商	后端基建、内容场景构建	在早期投资虚拟现实和增强现实内容的基础上不断延伸，通过投资切入算力、半导体、光学、显示、整机、应用及底层技术等多重元宇宙底层涉及的领域，截至2022年4月已完成投资或收购元宇宙相关企业9家，包括Digilens、影目科技、快盘云游戏等。
巨人网络	以网络游戏为发展起点的综合性互联网企业	内容场景构建	目前已将元宇宙游戏确定为长期布局的方向之一，并组建了单独的技术产品团队。
恺英网络	网页游戏运营平台	内容场景构建	将会从业务和投资两方面长期关注元宇宙领域的投资与布局机会，并在游戏产品类型、用户内容创造层面做更多的探索。
富士康	电子专业制造商	前端硬件、后端基建	计划将元宇宙元素纳入其产品设计，如可穿戴设备、云、数据中心、半导体和微型LED显示器等。

续表

企业	企业类型	元宇宙布局方向	元宇宙相关业务进展（典型事件）
沃尔玛	零售百货公司	底层架构、内容场景构建	沃尔玛正准备进军元宇宙领域，并计划创建加密货币和NFT；沃尔玛申请了相关商标，表明其有意制造和销售虚拟商品，包括电子产品、家居装饰、玩具、体育用品和个人护理产品。
华灿光电	LED芯片企业	前端硬件	已推出可以应用于AR/VR设备的Mini/Micro LED芯片。
乾照光电	LED芯片企业	前端硬件	乾照光电的VCSEL、Micro LED均可作为AR/VR设备的元器件；目前从外延设计到芯片制造进程进行了全面的开发和布局，以期推动相关产品的实现。
兆驰半导体	LED芯片企业	前端硬件	已确定2022年将正式进行Micro LED技术立项与公关，未来会对接元宇宙相关微显示的需求。
华引芯	LED芯片企业	前端硬件	早已展开对Micro LED产品的规划和布局，并在2022年4月6日发布全新自研的0.4英寸Micro LED模组，适用于增强现实、汽车抬头显示（HUD）、智能光源显示等领域。
赛富乐斯	LED芯片企业	前端硬件	于2021年10月成功开发出子像素尺寸为2微米的全彩Micro LED阵列，取得了增强现实显示领域的一次重要突破；未来拟推出NPQD微显示模组，利用纳米孔量子点技术来实现微显示全彩化的突破。
镭昱半导体	LED芯片企业	前端硬件	于2021年12月完成千万美元Pre-A轮融资，资金将用于全彩Micro LED微显示芯片的研发迭代和小批量生产。
君万微电子	LED芯片企业	前端硬件	目前已开发出0.3英寸至1英寸的全尺寸规格高亮度Micro LED微型显示器系列产品，像素良率突破99.999%；推出全彩色Micro LED微型显示器。
鸿利智汇	LED封装企业	前端硬件	鸿利智汇的MiniLED产品已实现3.2英寸、2.48英寸等规格产品的量产；2022年，鸿利智汇MiniLED产品在虚拟现实、增强现实、混合现实领域的订单金额预计超过亿元。

续表

企业	企业类型	元宇宙布局方向	元宇宙相关业务进展（典型事件）
国星光电	LED封装企业	前端硬件	自主高端品牌REESTAR推出适配裸眼3D等新一代内容技术产品；已推出并量产智能健康感测器件，产品可广泛应用于智能手表、智能手环、虚拟现实等设备场景。
瑞丰光电	LED封装企业	前端硬件	MiniLED相关技术已应用到虚拟现实领域。
聚飞光电	LED封装企业	前端硬件	MiniLED产品可以用于虚拟现实等小尺寸领域；公司的不可见光业务已获得多家智能穿戴一线品牌的认可。

第二节　企业如何拥抱元宇宙浪潮

面对机遇与挑战并存的元宇宙产业，企业应采取积极拥抱、理性应对的态度。积极拥抱元宇宙创新和产业培育，理性应对元宇宙可能带来的经济风险。

一、加强元宇宙底层技术构建及基础设施建设

元宇宙的发展对底层技术和基础设施提出了更高的要求，不同类型的企业可根据自身优势，加快元宇宙新基建建设步伐。运营商要充分发挥其信息通信建设优势，强化先进通信网络、数据中心等新型数字化、信息化基础设施建设。大型科技企业应加快推动虚拟现实、增强现实、云计算、大数据、人工智能、物联网、区块链、数字孪生等元宇宙底层架构性技术研发与创新。围绕元宇宙建模、显示、传感、交互等重点环节，加强动态环境建模、实时三维图形生成、多元数据处理、实时动作捕捉、快速渲染等关键技术攻关。加快开发工具和平台建设，通过提供架构、算力、模型，让元宇宙中各个建设者、创作者可以利用轻量化工

具创建理想世界。推动建设元宇宙开放平台，为实体商业提供线上营销场景、产品展示、智能商品管理、订单管理、物理管理等服务。芯片领域关键企业加快AR/VR芯片以及CPU等技术研发，提升芯片的计算能力和图像处理能力，为AR/VR设备等提供复杂、跨多种异构计算的强大算力支撑。

二、加强硬件研发，提升元宇宙技术装备水平

硬件设备是进入元宇宙的重要媒介，这里的硬件既包括面向消费者的硬件（VR头戴设备、触感手套等），也包括企业级硬件（用于创建虚拟场景的设备或工业摄像机、追踪系统等）。元宇宙的发展离不开硬件设备，硬件公司要抢抓产业发展机遇，瞄准产业发展制高点，提高高性能智能感知技术、高精度运动和姿态控制技术等智能硬件核心关键技术的创新能力。围绕元宇宙发展需求，加快虚拟现实整机设备、体感设备、内容采集制作设备、脑机接口设备等智能硬件设备的研发和产业化，提升产品功能、性能及工业设计水平。

三、打造元宇宙内容IP，丰富内容应用场景

内容生产制作型企业，尤其是头部内容型企业，要积极打造属于自身的内容IP，这种坐拥强大的粉丝基础和超级内容的头

部内容型企业或视频网站，最有可能构建出一个与原生作品息息相关的虚拟世界，让观众或者游客有机会与剧中人物共处、共情、共生。例如，迪士尼、环球、腾讯、奈飞等拥有多项大 IP 的内容公司，可以尝试整合自有 IP 资源，打造一个元宇宙虚拟世界的沉浸式迪士尼乐园或者环球影城。同时，也要加快元宇宙相关场景的创新和应用实践，丰富融合元宇宙体验的内容供应，推动现有数字内容向元宇宙内容移植，满足数字消费升级需求。

四、服务实体经济，推动元宇宙赋能千行百业

元宇宙是虚拟世界与物理世界相互融合的新型数字空间，其终极形态是虚拟社会和现实社会的高度互联互通。元宇宙不是让所有人都"脱实向虚"，进入一个虚拟空间，沉醉于游戏之中，它更多的是将虚拟世界和现实世界真正融合在一起，让虚拟的数字生产力服务于所有产业。企业发展要结合自身数字化、元宇宙化转型的发展需求，在元宇宙场景建设中，要警惕"脱实向虚"的问题，要强调"向实"发展，要以服务实体经济为核心来应用和发展元宇宙，以解决生产和生活等场景的实际问题为出发点。目前，更多的厂商在元宇宙场景打造方面倾向于以游戏、社交、娱乐等为代表的消费端场景，对生产端场景的发力相对较弱。企业在发展中要加速推动实体产业与元宇宙融合发展，推动元宇宙技术产品在文化、制造、医疗、教育、商贸、建筑等行业领域的

应用，创新融合发展路径，培育新业态、新模式，拓展元宇宙场景入口，激活其在产业领域和公共服务领域的应用空间，使元宇宙场景的建设在生产端与消费端均能实现快速延伸。

五、建立适应元宇宙化转型所需的企业组织结构

企业的元宇宙转化型不仅是对企业元宇宙业务发展能力的考验，同时也是对企业组织结构面对元宇宙的推动力的考验。企业要建立适应元宇宙化转型所需的企业组织结构，成立专门的事业部，加大元宇宙相关业务部门与其他各部门之间的合作。例如，Meta在VR事业部成立元宇宙产品小组；欧菲光企业组建元宇宙事业部，负责VR/AR领域的光学镜头、影像模组、光机模组和整机组装制造等；华策影视成立专门的元宇宙业务部门，抢抓数字化时代新的发展机遇；视觉叙事平台disguise设立元宇宙解决方案部门，基于现有的disguise解决方案为现场活动、虚拟制作内容和基于位置的视听体验提供支持。同时，企业也要加强决策者和员工对元宇宙的适应能力，如积极开展员工元宇宙新技术新产品学习培训，提升员工的元宇宙数字技能素质，使员工快速适应元宇宙新业务业态模式，保障员工与企业发展战略相匹配。

六、开发具有连接虚拟世界能力的企业产品

元宇宙是一个包含了庞大的数据体系与数字资产的系统,它需要保证数据永久和安全地存储,保障数据资产的永久性和唯一性。因此,元宇宙中发布的产品是否具备唯一性和个性化定制的特征十分重要,只有每个产品都是唯一的,可实现数字化认证,才可以在元宇宙虚拟空间里进行消费。以餐饮行业为例,在元宇宙里可以开一家餐馆,餐馆里的菜应该是在虚拟空间里能够上传,成为有数字认证能力的菜,每道菜都能实现唯一性,实现数字化的认证,才能在虚拟空间里被消费。企业在迎接和应对元宇宙发展的过程中,开发的数字虚拟产品需要具有连接虚拟世界的能力,保障数字产品的不可替代性。目前已经有企业开始尝试,比如推出具有不可替代、唯一、稀缺等特性的NFT数字藏品。2021年,天猫在超级品牌日推出"来自元宇宙的礼物",用户打开淘宝搜索"你好元宇宙",将会出现中秋NFT数字月饼的活动页面,中签用户可以得到一枚NFT定制月饼。数字月饼虽然不能食用,但是可以成为数字收藏品,因此该活动吸引了大量消费者,一天之内有将近2万人排队抽取。此外,音乐订阅服务商Spotify在Roblox推出用户与创作者互动的元宇宙"Spotify Island",用户可以在这个互动世界中进行创作、游戏,与朋友分享体验,并在数字空间获得独家虚拟商品。

七、推动企业数字资产化和资产数字化

数据是元宇宙世界的基础性、战略性资源,也是重要的生产力。元宇宙时代,人工智能、区块链、大数据等数字技术极大地提升了生产力,并推动了生产关系的变革,数据成为重要的生产资料。数据资产化和有序流转成为元宇宙时代的大趋势,未来数据资产将会成为企业最核心的资产,也是企业实现和创造数字化价值的重要来源。因此,企业在向元宇宙转型的过程中,要重视数据要素的流动,推动企业数字资产化和资产数字化,让数据成为企业的关键生产要素。充分发挥数据要素在企业研发、生产、经营、销售各个环节的重要作用,增强企业发展竞争力。

八、加快元宇宙产业布局,构建元宇宙生态

元宇宙技术在向着更加颗粒化、精细化方向发展,要求企业要建立起围绕自身核心能力的生态体系,为用户提供整合的应用场景和解决方案。企业想要进军元宇宙,在进入市场前做好知识产权布局和规划也非常重要。很多互联网巨头通过注册商标的方式抢占元宇宙先机,利用企业自身影响力,提前布局元宇宙商标市场,为后续数字化元宇宙发展奠定品牌资产。企查查数据显示,截至 2021 年年底,我国共申请"元宇宙"商标 11 376 件,涉及公司达 1 692 家。其中 2021 年申请商标 11 374 件,涉及公

司1 691家。也就是说，99.9%的元宇宙商标均于2021年注册申请。比如腾讯先后注册"QQ元宇宙""QQ音乐元宇宙""王者元宇宙""腾讯音乐元宇宙"等元宇宙相关商标，国际分类含教育娱乐、通信服务、科学仪器等类别。蔚来汽车、理想汽车、小鹏汽车等汽车企业分别注册"蔚来元宇宙""蔚宇宙""理想元宇宙""小鹏元宇宙"等商标。抢注商标只是表面现象，而企业更为看重的是元宇宙数字化、智能化的经济体系。不管是布局元宇宙产业链，还是确保商标品牌的使用权，抑或是建立防御性商标，在某种程度上都是对企业品牌价值的建设。另外，企业可通过多元化产业布局，不断完善元宇宙产业生态。例如，腾讯依托自身在社交、游戏等领域的产业优势，为元宇宙发展提供良好的数字土壤，在元宇宙世界构建完成后通过充实内容不断提高用户体验，将虚拟世界具象化。

第四篇

"元宇宙+"：我们还能做些什么

作为虚拟与现实交融的未来世界新图景，元宇宙为未来产业开启了无限的发展空间和可能。但我们也要认识到，元宇宙产业目前处于发展初期，不成熟、不稳定，仍存在着多重潜在风险，在未来布局元宇宙产业过程中需要警惕风险、精准防范、把握机遇、谨慎发展。

第十章

构建"元宇宙+"良性产业生态

第十章 构建"元宇宙+"良性产业生态

第一节 转变思维,迎接挑战

在可能即将到来或已经缓缓而至的"元宇宙+"时代,我们将面临非常多的问题,其中很多问题是相当复杂、严峻甚至危险的。而我们当下能做的正是去直面这些问题,将其一一解决。如何不断突破技术,如何不断完善规则,以及如何规避与防范元宇宙可能带来的各种威胁,都是当下需要不断探讨、研究和攻克的重要课题。

一、技术突破与迭代升级

元宇宙的发展是建立在科技发展的基础之上的,元宇宙最终构建的应该是一个可以随时访问并且非常稳定的虚拟世界,其突破性发展所遇到的部分问题也必须依靠科技来解决。5G通信、增强现实、虚拟现实、混合现实、3D引擎、人工智能、区块链、数字孪生、脑机接口等底层技术虽然取得较大的进步,但距离元宇宙概念落地还存在一定差距。以连接虚拟和现实的增强现实和虚拟现实技术来说,当前虚拟现实和增强现实行业发展不断加快，但目前技术更多集中在视觉和听觉方面，可以在一定程度上将虚拟世界"展示"给我们，而触觉、嗅觉、味觉等方面的感知却还比较难以企及。如何让人们感受到虚拟世界中的触觉、嗅觉、味觉是当前科技所要解决的问题。另外，当前虚拟现实和增强现实仍需要通过手持传感器或者穿戴手套等设备将手势、动作等参数输入虚拟世界中，这使得人们在虚拟世界体验的真实感有所降低，毕竟人们在现实世界的互动、交流并不需要手拿传感器。虽然现在已经有一些以机器视觉为基础的手势、姿势识别技术，但在实际操作中仍存在着类似视野范围和遮挡等诸多现实问题。

触觉反馈同样是一项技术难题。目前的技术似乎还无法让我们的手和身体去感受和触摸虚拟世界的事物。在电影《头号玩家》中，玩家身穿力反馈的服装就可以感受虚拟世界里的事物，而在现实中，即便是用户愿意全身穿戴装备来体验元宇宙，但是技术能否实现将全身体感附着于一套服装，仍是未知和充满挑战的。此外，还需要考虑服装定价、人们对于服装的购买欲、购买力等问题。

另外，元宇宙对算力也有极高的要求。元宇宙作为大型多人在线、开放式人物、可编辑世界、经济系统、社交系统、现实场景等多要素集合体，本身产生大量的数据，计算机需要运行物理世界的模拟、场景的渲染以及人物互动，等等，这些都是庞大的运算量。如何开发和设计出与元宇宙运行相适应的算力是一个很大的挑战。而在庞大算力的重压下，能耗问题也随之而来，算力越高，能耗就越高，高昂的能耗成本最终也将会转嫁给用户，导致用户进入元宇宙的门槛提高。

二、元宇宙内部权力垄断

在任何社会，只要有群体，就必然会产生统治与被统治，以及垄断与反垄断、治理与冲突等矛盾。作为一个共建、共创、共治、共享的虚拟世界，元宇宙具有避免被少数力量垄断的可能性。Roblox 的联合创始人尼尔·里默尔表示："Metaverse 的能量将来自用户，而不是公司。任何单独一家公司是不可能建立元宇宙的，而是要依靠来自各方的集合力量。"Epic Games 公司首席执行官蒂姆·斯威尼也强调："元宇宙的另一个关键要素在于，它并非出自哪一家行业巨头之手，而是数以百万计的人们共同创作的结晶。"每个人都通过内容创作、编程和游戏设计为元宇宙做出自己的贡献，还可以通过其他方式为元宇宙增加价值。

但元宇宙的形成并不是一个简单的过程，其资金投入必然不菲，而资本的纷纷入局是否能够精准施力，促进更多企业在现有领域及更广泛的领域进行踏实研发与创新，将是支撑元宇宙进一步多元化发展的关键因素之一。同时，大量的资金投入也意味着在元宇宙中资本势力将占据绝对优势，从而获取"统治权"。《大西洋月刊》执行主编阿德里安娜·拉弗朗斯撰文《地球上最大的专制"国家"》,对以 Facebook 为代表的互联网巨头现象做出反思。作者犀利指出,Facebook 与其说是一个网络出版商、社交平台、公司或程序,不如说是一个"国家"。①元宇宙时代,物理意义上的土地已不再重要,29 亿用户被认为是 Facebookland 的"公民",同时它尝试发行自己的货币 Diem。扎克伯格始终坚持着"治理"的逻辑和理念,来管理平台并塑造自身形象,甚至试图建立类似立法机关的下属机构。Facebook 通过疑似影响选举、"封杀"特朗普等行为,也展现出其在现实政治中的影响力。笔者认为,Facebook 所服务的对象,仍然是以扎克伯格为首的公司股东,不管它怎么去标榜自己的"民主机制",股东的利益显然是最重要的,并且它当前对社会的危害要大于对社会的推动。元宇宙起源于技术发展、资本投入与市场经营,经过自由发展阶段,未来可能会超越经济范畴,成为社会现象,甚至可能会成为社会的基本组成部分。如何协调资本、政府和民众共同参与创建元宇宙,以确保元宇宙"非一家独大",保障元宇宙世界的民主自由、公平正义,以及如何构建和谐共存的规则和秩序,是亟待解决的难题。各大企业之间的竞争格局也决定了元宇宙生态的封闭性,难以做到完全的开放与去中心化。

---

① 参考自 https://baijiahao.baidu.com/s?id=1714975776274639627&wfr=spider&for=pc。

三、对物理世界造成冲击

虚拟现实、增强现实等新技术推动元宇宙构建拟真的、可以实时反映物理世界的三维空间，用户可以在视觉、听觉、触觉等逼真的感官体验中，真实地感受虚拟世界。由于政治、宗教、种族、职业、岗位、利益等各种因素，人们在现实世界中戴着形形色色的面具。而在元宇宙中人们不再受物理世界的约束，拥有不同于现实世界的身份，可以解放天性、放飞自我，完全按照自己的想法去生活、去社交，甚至去学习、去工作，而现实世界里的七情（喜、怒、忧、思、悲、恐、惊）六欲（眼、耳、鼻、舌、身、意）中除了"鼻""舌"可能暂时无法体验，其他的都完全能够去经历。此外，还能开启现实世界中一些无法体验的功能，如穿越时空、多重身份、个人信息的永续，等等。元宇宙一方面通过扩展现实等技术手段强化人类的感官系统，另一方面可以使用户在元宇宙应用场景中自行创造和生产符合自身价值追求和逻辑审美的数字产品，充分满足自身需求而不必与现实世界的社会评价完全契合。[①] 元宇宙给予用户感官刺激和心理满足的双重体验，使用户的沉浸感和幸福感日益完美，但同时也加重了沉迷的风险。当沉浸性发展到极端，对于沉浸在元宇宙中的个体来说，物理世界的现实就失去了意义。在元宇宙中，彻底的沉浸

---

① 金梦.元宇宙"热"时代的经济学审视及"冷"应对[J].新经济，2022（4）：29-33.

能够解决所有世俗世界中人所需要的现象需要、经验需要和感官需要。在全身沉浸中,没有了对更高本体的追问,只剩下感官的极致沉浸,绝对的现实摧毁了它的自身,走向绝对的虚无。① 如果人人沉迷其中,每个人都将自己 80% 以上的时间和精力投到元宇宙这样的虚拟世界之中,物理概念对他们的意义变得越来越微小,这样的物理世界还会美好吗?是否会进入"现实越差,虚拟越好"的恶性循环?元宇宙是否会成为新时代的"精神鸦片馆"?

如果虚拟世界的运行规则、制度与现实社会轻微脱节,依靠去中心化、公开透明、平等自由、民主公平、权益保护等幸福愿景,吸引大量人力资源和物质资源,将会造成现实世界和虚拟世界间的严重分化,甚至是极端对立。过度沉溺在虚拟世界,对虚拟世界的想象和向往程度越高,就越可能加剧社交恐惧、社会疏离,会对现实世界反感甚至憎恨,从而导致心理扭曲、行为极端,对现实世界构成极大威胁。

四、经济和货币系统运行

与现实世界不一样的是,元宇宙里没有传统的产业结构,它的经济形态也是独一无二的。在元宇宙中,虚拟货币将取代真实

---

① 刘永谋. 元宇宙的现代性忧思 [J]. 阅江学刊,2022,14(1):53-58,172-173.

的货币成为一种流通工具。安全、可靠的支付系统和被大众普遍接受的货币都是元宇宙普及所需要面对的重大挑战。尽管元宇宙的货币体系、经济体系与现实经济并没有直接的关联，但它与现实经济之间的关系是可以通过虚拟货币来实现的，比如虚拟货币与现实货币的双向兑换。然而，这种联动是一把双刃剑：一方面，元宇宙经济从虚拟的层面上为实体经济注入了新的活力；另一方面，当虚拟货币相对于现实货币出现大幅的价值波动时，经济风险可能会从虚拟世界波及现实世界。同时，现实世界的一些经济问题也会复刻到现实世界，如房产泡沫问题。2021年12月，Decentraland平台上一块虚拟土地创下243万美元的交易记录，而一周后在另一个元宇宙平台Sandbox上，另一块虚拟土地以430万美元天价售出，有人甚至戏谑"元宇宙的尽头是房地产"。[①] 元宇宙中的交易行为必须受到严格监管，否则元宇宙中的金融危机爆发后会直接导致现实世界中的经济系统崩溃。元宇宙中产品的独一无二性、稀缺性，很容易引发诸如炒作、洗钱和金融产品化等一系列风险，也在一定程度上为大型资本的金融收割行为提供了更为隐蔽的操纵空间，尤其是资本利用元宇宙概念、炒作新风口、推行虚拟币、吸引新投资、操纵股市谋取高回报等，金融监管也需从现实世界延伸至虚拟世界。另外，虚拟财产交易产生的现实层面的交易和收入，从根本上来说仍然具有可

---

① 金梦.元宇宙"热"时代的经济学审视及"冷"应对[J].新经济，2022（4）：29-33.

税性，但相关税款的征收问题仍是值得研究的课题。

五、数据安全和隐私保护

在信息时代，数据安全和隐私保护一直是人们比较关注的问题，互联网时代涉及大量的数据和隐私保护问题，更别说是元宇宙时代了，无论是人工智能还是区块链，都离不开数据基础和算法支撑，而元宇宙作为一个由数据构建的虚拟世界，涉及的数据及隐私的数量和丰富程度都将是前所未有的，包括个人生理反应、运动，甚至脑电波数据。由于生物识别与用户的关联性，这些数据一旦出现病毒入侵或账号被盗，都将会使用户陷入各种风险中，引发严重后果。以脑机接口为例，脑机接口技术从大脑直接提取信息，这些信息可能被泄露或盗用，对神经信息安全造成威胁。脑机接口设备一旦遭到黑客攻击，从用户的脑电信号提取居住地、银行卡号等私人信息，都存在较大的安全隐患。[①] 此外，隐私侵犯不仅涉及个人信息泄露，还涉及个人隐私信息的收集问题等。元宇宙系统的运行依赖于大量信息数据的收集，包括用户基本信息、浏览习惯、社交情况、购买行为等，并以此来进行用户画像分析。平台的商务推广、精准营销等业务均依赖于此，这种数据驱动型经济下，为实现利益最大化，企业纷纷入场，也增

---

① 吉姜蒲. 脑机接口合规困境：元宇宙的技术探索和伦理规制 [J]. 湖南行政学院学报，2022（3）：116–121.

加了个人信息滥采滥用的数据风险。同时，这种隐秘收集行为，致使用户置身于技术与资本布下的"全景监狱"中。[①]从用户角度来讲，用户在元宇宙内的一切活动和行为，都被区块链所记录并留下痕迹。换句话说，用户一旦进入元宇宙中，便毫无隐私可言，基本上意味着放弃隐私。可以想象得到，元宇宙时代每个人都是透明的，需要考虑的是用户是否完全做好进入"无隐私时代"的心理准备。对于用户而言，他们最关心的是各企业之间如何协调数据的安全，如何建立有效的防范措施，以保证个人隐私和数据安全。这也是各公司在元宇宙建设中的重要课题与挑战。同时，如何规范用户资料收集和使用，维护公共领域与私人空间的稳定，也是元宇宙时代的重要课题。

六、虚拟空间的犯罪风险

元宇宙将人类从现实世界带入虚拟世界，但现实世界的传统犯罪类型在元宇宙中仍然存在，甚至因为空间与行为的虚实交错，导致对犯罪行为的界定与处置更为复杂。在高度拟真的环境下，如果无法完善保护措施，很容易出现不法分子利用虚拟环境从事违反法律法规的行为。

另外，在元宇宙中，传统犯罪类型嫁接互联网技术，也会滋

[①] 孙永泽. 存在、实践与平衡：对"元宇宙热"的哲学反观与科技伦理反思[J]. 科技传播，2022，14（3）：57-60.

生一些新型网络犯罪。例如,有的不法分子捆绑元宇宙概念,宣称"边玩游戏边赚钱""投资周期短、收益高",诱骗参与者通过兑换虚拟币、购买游戏装备等方式投资;有的不法分子号称所发虚拟币为未来"元宇宙通行货币",诱导公众购买投资。此类"虚拟货币"往往是不法分子自发的空气币,主要通过操纵价格、设置提现门槛等幕后手段非法获利。[①] 2022年2月18日,处置非法集资部际联席会议办公室发布《关于防范以"元宇宙"名义进行非法集资的风险提示》,提出编造虚假元宇宙投资项目、打着元宇宙区块链游戏旗号诈骗、恶意炒作元宇宙房地产圈钱、变相从事元宇宙虚拟币非法牟利四项风险提示。另外,元宇宙虚拟空间不受时间和空间限制,可能会加剧跨国甚至跨虚拟现实的犯罪风险。

---

① 参考自 http://www.cbirc.gov.cn/cn/view/pages/ItemDetail.html?docId=1038723&itemId=915&generaltype=0。

第十章 构建"元宇宙+"良性产业生态

第二节 谨慎引导，健康发展

作为未来互联网和数字经济的重要发展趋势，在技术迭代与需求提升的双重影响之下，元宇宙部分应用场景有望在5—10年内实现。然而，元宇宙目前仍处于发展初期，我国的元宇宙产业发展还需要从多个方面进行考量，谨慎引导其健康有序发展。

一、推动技术创新和应用场景建设

在国家层面上，可以对元宇宙核心技术相关企业进行系统规划与投资，改变以往在信息技术、互联网等领域的被动局面，尤其是在芯片、系统、开发工具等元宇宙产业的基础领域。围绕区块链、虚拟现实、芯片、交互算法、物理引擎、数字孪生等元宇宙重点领域底层技术和关键技术实施重大科技专项，为推动元宇宙自主可控发展提供坚实基础。鼓励企业、高校及科研院所通过"赛马机制"和"揭榜挂帅"等手段，在NFT、虚拟现实、增强现实、脑机接口、智能芯片、智能算法等元宇宙关键技术领域开展联合攻关，为元宇宙领域的重大技术突破提供支撑。鼓励企业加大技术创新，尤其要加大语音与手势识别、空间映射、数字孪生等直接相关技术的研发力度，不断提升技术成熟度，为未来数字化生活做好技术准备。推进元宇宙创新平台建设，强化创新链与产业链协同攻关，支持高校、科研院所、企业等开展产学研合作，建设元宇宙领域重点实验室、工程研究中心、企业技术中心、新型研发机构等创新载体。支持有条件的高校、科研院所和企业组建元宇宙技术研究院，打造元宇宙技术高端协作研究平台。

大力推动元宇宙应用场景建设，加速元宇宙技术与各行业的深度融合，推动产业转型升级，重点围绕文化、旅游、商业、会展等领域，打造一批元宇宙示范性项目、示范性场景。积极推动高校、科研院所和企业共建元宇宙应用平台，推动三维数字空间、虚拟数字人和NFT数字资产在城市管理、民生服务等领域的开发应用，遴选一批优秀的元宇宙应用方案，形成可复制推广的典型案例。

二、推动知识产权保护和标准研制

元宇宙作为一个数字化虚拟世界，拥有完整的经济和社会运行系统。在元宇宙中，企业生产数字产品；创作者、艺术家生产创作数字内容；用户也会化身虚拟形象，在元宇宙中自由娱乐、社交、购物，比如用虚拟货币购买名牌跑鞋等。其基本逻辑是使数字物品充分流通与利用、数字主体充分生产与协作，而数字物品和数字主体都以数字内容的生产、传播与使用为核心。这一切都需要知识产权保护来保驾护航，如果没有知识产权，企业可能无法保护自己的数字 IP 和品牌价值。区块链技术使得数字产品确权、维权更加便利，虽然近年来我国知识产权保护意识整体上有所提升，但是在未经版权人许可的情况下擅自使用数字产品的情况仍频频出现。元宇宙市场想要健康、有序地发展，就必须加强对元宇宙中数字产品以及数字生产要素的知识产权保护。加快元宇宙知识产权服务体系建设，通过确权、发现、警告、诉讼等一系列程序化操作，加大对元宇宙技术和应用的知识产权保护力度，保护创作者的劳动成果和创作积极性。同时，支持和鼓励各创新主体围绕人工智能、区块链、数字孪生等关键技术开展海外知识产权布局。支持专业机构、行业组织、龙头企业建立元宇宙知识产权资源库，提供高质量、专业化的知识产权服务。

实施标准化战略，加强元宇宙领域技术标准应用，通过标准化建设促进产业健康、可持续发展。鼓励和调动企事业单位、协会、联盟和专家学者进行多领域行业标准的研制工作，积极参与国内外关于元宇宙标准的研究制定和实施，对获得批准发布的国际标准、国家标准和行业标准的制定单位给予奖励。要充分发挥标准体系对产业的引导和支撑作用，推动虚拟现实、互动娱乐等领域的产品、技术和服务标准的研究制定，构建元宇宙数字虚拟内容生产流程、产品和服务质量管理体系并加强推广应用。鼓励相关企业加强技术基础研究,增强核心竞争力,提高国内本土企业在行业内的话语权和地位,稳步提高相关产业技术的成熟度。

三、加强元宇宙市场监管力度

支持开展元宇宙领域的法律法规、伦理道德、监管政策的研究。设立国家层面的专门监管机构,对以"元宇宙"概念运营的网络社区、网络游戏、网络交易的企业,依据国家网络安全法、数据安全法、个人信息保护法等法律规范要求进行监管。[①] 加快完善元宇宙相关领域法律法规,及时跟进"元宇宙"数据、算法、交易以及元宇宙催生的新模式、新机制,研究制定监管法律和规范,如制定备案登记制度、运营交易模式监管制度,依法监管,从制度上防范"元宇宙"带来的垄断风险、货币安全、金融风险、洗钱犯罪及青少年沉迷等系统风险。建立容错机制和包容审慎监管机制,营造宽松开放的市场准入环境和监管环境。采取"以链治链+以法入链"协同监管方式,针对区块链生态中存在的安全风险和多维监管需求,建立协同监管技术框架、共性安全风险指标体系;同时,利用 Petri 网等形式化方法构建监管法规的形式化表征机制,并通过智能合约或共识机制映射到监管链,生成具有精确性、一致性和完备性的监管合约或协议,实现监管

---

① 宋薇萍.加强对元宇宙市场的监管 防范新型数字经济风险[N].上海证券报,2022(5).

第十章 构建"元宇宙+"良性产业生态

法规的"以法入链",提升监管效率。①

四、强化数据安全和隐私保护

数据作为元宇宙重要的资源和生产要素已经成为共识,元宇宙的发展首先要强化数据安全的问题,规范数据的采集、存储、传输和使用的过程。目前,我国已经出台《数据安全法》《个人信息保护法》等相关法律法规,数据安全立法体系初步建立。但元宇宙在生物特征数据管控、医疗健康数据管理、个人数据获取和公共数据收集及衍生利用等方面尚有不足,有待进一步推进。必须平衡数据安全、隐私保护和数据利用之间的关系,在确保信息安全和数据安全的基础上释放数据潜能。探索建立有效的元宇宙平台治理体系,加强数据安全管理和隐私保护,破解数据资产确权难题,保障数据资产价值,促进数据流通共享和价值传输,发挥数据治理效用。加快提升元宇宙数据治理能力,针对元宇宙发展遇到的价值伦理、虚拟空间管控等新问题,及时研究并制定规范,精准进行合法治理。出台围绕大数据在细分场景应用下的信息安全细则。定期进行数据安全督查、检查,督促企业加强数据安全风险评估,及时发现问题并整改。

---

① 高一乘,杨东.应对元宇宙挑战:数据安全综合治理三维结构范式[J].行政管理改革,2022(3):41-50.

五、精准打击和防控犯罪风险

基于互联网、大数据的元宇宙使传统的犯罪更加复杂化，同时也容易滋生新型网络犯罪形式。对于元宇宙中产生的违法犯罪行为，要坚持精准打击和风险防控相统一。建立立体化、全方位的风险防控体系，对元宇宙犯罪进行风险研判、及时预警、情景预防、知识普及、风险提示等综合性社会预防措施，以减少元宇宙犯罪的发生。充分利用大数据、云计算等数字化技术，建立一个预测、预警、预防元宇宙犯罪的大数据平台，从而实现对元宇宙犯罪的精准防控。根据犯罪风险情况对元宇宙社会治理网格中的模块进行评估，对重点区域实施动态监测，构建数据模型自动预测、技术人员精准分析、行业人士专业研判的畅通体系。[①]

六、加大元宇宙资金支持力度

加大资金投入力度，统筹虚拟现实、人工智能、数字经济等专项资金，推动设立元宇宙产业发展专项资金，加大对元宇宙重点领域、重点项目和应用示范的支持。引导金融机构、社会资本以多种方式支持元宇宙发展，降低企业融资成本。建议支持在元宇宙领域具有投资经验的优秀股权投资机构设立元宇宙产业投资

---

① 田野.元宇宙视域下的社会风险与治理[J].智慧中国，2022（4）：44-47.

基金。推动金融机构对技术先进、带动性强、产业化前景良好的元宇宙重大产业项目给予信贷支持。可加大支持元宇宙企业通过融资租赁、知识产权质押贷款、股权质押贷款等多种方式融资，推动元宇宙企业利用多层次资本市场发展壮大。落实高新技术企业和创业投资企业税收优惠、研发费用加计扣除、股权激励税收优惠等创新激励政策。

第三节　开放心态，拥抱未来

一、元宇宙将会以新技术引发新变革

随着终端交互和智能计算的快速发展，元宇宙产业将会以新技术引发新变革，具体体现为技术升级、商业模式革新以及体验升级等。在技术升级方面，元宇宙的发展离不开各种前沿技术的支撑，比如区块链、5G、虚拟现实、3D渲染、脑机接口、可穿戴设备等，虽然这些技术的部署尚未到位，但随着元宇宙建设进程的推进，各项技术都得到了快速发展。元宇宙的快速发展也在不断倒逼技术升级和迭代，国内外各大企业也在积极参与和布局相关技术的研发与应用。中国电信宣布未来将会提供元宇宙的数字基础设施；英伟达积极布局元宇宙相关的芯片、元宇宙渲染平台，力求成为元宇宙的基础建设者；Unity 则在 3D 渲染以及元宇宙云计算等方面积极布局。随着以 5G 通信网络、虚拟现实、增强现实为代表的终端交互技术，以及边缘计算和智能计算中心的建设与发展，新一轮的技术变革必将实现。此外，许多公司的抢滩也会使技术更上一层楼。从商业模式革新来看，如同互联网

时代带来短视频、直播、电商等新业态新模式，元宇宙作为下一代互联网，其发展也会带来更加新颖的商业模式。元宇宙发展趋势下，社交方式、信息获取方式以及内容生产和消费模式都发生了极大的变化。比如在产品销售方面，当你想买一件衣服，衣服的信息、款式等都会呈现在你的视野中，如果有哪些方面不喜欢，可以随时指挥人工智能助手进行微调，可以按照自己的定制化需求进行商品购买。在体验升级方面，随着数字技术的不断发展，数字化、沉浸式体验不断提升，获取信息的维度不断增加，数字内容的感官体验不断增强，尤其是在人机交互、增强现实、虚拟现实技术的支持下，用户对元宇宙的体验越发趋近真实。

二、元宇宙将会是开放性和封闭性的完美融合

元宇宙将会是开放性与封闭性的完美融合，就如同现在的手机操作系统中苹果、安卓、鸿蒙系统可以并存，未来的元宇宙不可能一家独大，没有一家公司能够以一己之力建立一个独立的元宇宙。所以，与开发者、创作者和专家的合作是非常关键的。但也不可能没有巨头，巨头会在封闭性和开放性之间保持一个平衡，这种平衡有可能是自愿追求的，也有可能是国际组织或政府强制要求的。[①]

[①] 参考自 https://baijiahao.baidu.com/s?id=1713650078195038263&wfr=spider&for=pc。

我们认为，在未来的元宇宙中，将会出现一种开放与封闭共存的格局。尽管元宇宙的终极目标是打造一个可以映射物理世界的去中心化的虚拟世界，但中心化在元宇宙里会必然消亡吗？去中心化是分层、分维度的，底层系统的去中心化不代表不会有各种中心化组织，正如真实的宇宙本身是去中心化的，但仍存在各种中心化星系。元宇宙中去中心化组织会成为主流，但不会是全部，元宇宙最终会由不同风格、不同领域的元宇宙构成一个更大的元宇宙，用户的虚拟身份和数字资产也都会在不同领域的元宇宙中进行同步，人们的生产、生活和管理方式都会发生重大变化。这个覆盖全领域的元宇宙将会承载更多的商业价值，或许会有新的巨头企业诞生，而新的创业公司也会在不同行业领域中脱颖而出，形成百花齐放、百家争鸣的局面。未来为实现元宇宙的不断迭代升级，也将有更多企业、机构在更大范围展开更深入的联合与合作。

三、"元宇宙+"推动虚拟经济与实体经济深度融合

从经济发展来看，实体经济是一国经济的立身之本、财富之源。元宇宙数字变革带来的不仅是生活方式的变革，更是产业升级变革的重要机遇。元宇宙不应也不会发展为"脱实向虚"，而是会通过打造虚实无界、物理世界和虚拟世界高度互联互通的新型数字空间，通过虚实的深度融合，即数字经济与实体经济的深

度融合，来壮"实"强"实"，更有力地去服务和发展实体经济。

一方面，元宇宙产业化和产业元宇宙化。通过加速实现工业元宇宙、教育元宇宙、商贸元宇宙、文化元宇宙、金融元宇宙等产业场景落地，将推动实体产业加速向数字化、元宇宙化转型升级；通过对业务活动、流程、模式和员工能力等进行重新设计和调整，能够使产业的各个环节都实现数字化；构建能够满足用户需求的数字化系统，加快推动产业链、供应链和价值链的融合与贯通，使产业链上下游、生产与消费、供需对接更顺畅、更平衡，资源配置更加精准优化。同时，通过大规模的应用推动技术和产品更新换代，催生新的商业模式，不断完善产业生态，让各行各业都能借助元宇宙加快开辟"第二曲线"发展空间。在元宇宙中，所有人都可以不受地域限制实现高效的沟通与协作，智能化设备的互联互通也会使产业链的上下游之间的合作更加透明和高效。

另一方面，元宇宙为各领域技术攻关、科研探索提供了仿真平台，推动科技研究仿真模拟实验从软件仿真向人机高度融合、环境更为逼真的虚拟空间仿真转变，这将对装备制造、航空航天、生物医学、新材料、新能源等领域技术攻关，以及生命、物质、地球、海洋、宇宙等领域深度探索研究产生深远影响。[1]当元宇宙内部产业发展到一定程度，元宇宙产业由虚向实的各类业

---

[1] 参考自 http://www.caheb.gov.cn/system/2021/12/10/030130934.shtml。

态也将快速发展，例如生物智能 3D 打印、超级器官制造等。多元物种和业态大量涌现，社会实现高度智能化发展，实体经济与虚拟经济将实现深度融合。

四、元宇宙将在与现实世界的不断博弈中形成发展平衡

元宇宙的发展远远超出了人们的预料，甚至比想象中更复杂，而在元宇宙发展过程中，来自政府的监管和相关法律法规具有很大的不确定性，理想化的元宇宙应该是一个去中心化的无国界、无边界、开放性的平台，但想要实现理想化的元宇宙建设仍有很长的路要走，元宇宙建设任重道远。

尽管现在政府、企业以及个人对于元宇宙的了解还很少，但可以想象的是，在元宇宙发展的过程中，必然会出现一些与国家、社会、法治和文明相关的问题和挑战，正如数字经济发展初期给政府政策体系、监管体系和国际治理体系等带来的诸多挑战一样。元宇宙在给政府监管带来诸多挑战的同时，也将会面对在政府监管措施下关于自身发展的难题。在未来元宇宙形态中，国家的形态和资源分配也许会和现在有很大差异，但国家在相当长的时间内仍会存在。在这个过程中，元宇宙相关的法律法规会逐渐完善，各国政府的监管能力也不断提高，国际合作与协同也会更加密切，而监管机构、平台方、价值创造者、用户之间的权利和义务也会更加清晰明朗。元宇宙与现实世界相互碰撞与博弈的

过程,也是元宇宙不断成熟发展的过程。未来,元宇宙在发展过程中,将在与现实世界的政治、经济关系的不断博弈中逐渐形成发展中的平衡。

可以看到,"元宇宙+"正在重塑企业、产业和整个经济社会,随着元宇宙发展逐步走向成熟和完善,元宇宙或将成为人类文明的新形态。未来可期,拭目以待!